Ingrid Biermann

Ideen *Blitze* für Spiel- und Aktionstage
für den Alltag mit Kindern

Ingrid Biermann

Ideen *Blitze* für Spiel- und Aktionstage

für den Alltag mit Kindern

© Verlag Herder GmbH,
Freiburg im Breisgau 2011
Alle Rechte vorbehalten
www.herder.de

Umschlaggestaltung und -konzeption:
Finken&Bumiller, Stuttgart
Umschlagfoto: © Albert Josef Schmidt, Freiburg
Umschlag- und Textillustrationen:
Unen Enkh, Denzlingen

Gesamtherstellung:
fgb · freiburger graphische betriebe
www.fgb.de

Gedruckt auf umweltfreundlichem,
chlorfrei gebleichtem Papier

Printed in Germany

ISBN 978-3-451-32421-5

Inhalt

Spiele und Aktionen – für Kita und Familie

PurzelbaumTage

Akrobatenspiele unter freiem Himmel	8
Mitmachgeschichten	12
Kreatives Gestalten: Alles, was sich bewegt	16
Lustige Bewegungslieder	18
Spiele: Eine Spaßolympiade	20

SpielzeugTage

Geschichte: Frau Dahlhoff und die Spielzeugtage	24
Spiele: Der kunterbunte Spielzeugtag	28
Spiele zur Förderung der Sinne	30
Kreativität: Spielzeug selbst gemacht	34
Spiele wie zu Omas Zeiten	38
Eine ungewöhnliche Spielzeugwoche	40

WaldTage

Mitmachgeschichte: Der einsame Dideldum	42
Gestalten: Kreatives aus Naturmaterialien	46
Spielgeschichte: Der Zapfenzwerg	48
Bewegungsangebot: Trimm dich im Wald	50
Klanggeschichte: Hermann und Tusnelda	52
Lied: Ein Männlein steht im Walde	56
Fingerspiel: Zwischen dicken hohen Bäumen	58

HöhlenTage

Reim: Jeder hat auf dieser Welt 'ne Höhle, wo es ihm gefällt	60
Klanggeschichte: Der Streit um die Höhle im Baum	62
Vers: Höhlen seh'n verschieden aus	66
Geschichte: Die Höhlenkinder	68

Fingerspiel: Die klitzekleine Schnuppermaus	70
Fantasiereise: Der Höhlensee	72
Spiellied: In einer Höhle	76

Fest- und MottoTage
FaschingsTage

Lied: He Leute, heut' ist Karneval	78
Süße Spiele für ein Faschingsfest	80
Spaßige Tänze für ein fröhliches Faschingsfest	82
Spielgeschichte: Die kleine Hexe Hinkebein	84
Mitmachgeschichte: Das Tanzmariechen	86
Spielgeschichte: Die zwei Piraten Langhein und Raubein	88
Fingerspiel: Finger-Faschingstanz	91
Mitmachgeschichte: Die Cowboys Piff, Paff und Puff	92

GeburtsTage

Spielvorschläge zur Geburtstagsgestaltung	94
Geschenke und Rezepte	96
Alte Melodien, neue Geburtstagslieder	98
Spielgeschichte: Ein Indianergeburtstag	100
Eine Quatschmachparty	104

Halloween- und GeisterTage

Lied: *Ja, Halloween, das Gruselfest*	108
Spielgeschichte: Kürbiszwerg trifft Gruselzwerg	110
Gruselige und spaßige Spiele für einen Halloweentag	112
Kreatives für das Halloweenfest	116
Gespensterspiele	118
Klanggeschichte: Nelli, das Nebelgespenst	122
Kreativität: Geister und Gespenster	124

Die einzelnen Angebote im Überblick	126

Vorwort

Liebe Kolleginnen, liebe Eltern,

In diesem Buch spannende IdeenBlitze geht es um die Gestaltung von kleinen und großen Spiel- und Aktionstagen. PurzelbaumTage, SpielzeugTage, WaldTage, HöhlenTage sowie die Fest- und MottoTage können den pädagogischen Alltag beleben oder als Vorlage für einen besonders gestalteten Tag dienen. Solche Tage sind Feste, bei denen unter einem bestimmten Motto in verschiedenen Workshops gemeinsam gesungen, getanzt, geturnt, gebastelt, Theater gespielt, Musik gemacht wird; in denen gemeinsam Märchen und Verse und Geschichten erlebt, Höhlen gebaut oder Fantasiereisen erspürt werden. Spiel- und Aktionstage sind immer etwas Besonderes und wirken noch lange nach.

Über das Jahr verteilt gibt es viele Gelegenheiten, bei denen größere Spiel- und Aktionsangebote gefragt sind. Ereignisse wie z.B. Waldtage, Faschingstage, Sommerfeste, Verabschiedungen oder MottoTage erfordern eine Menge neuer, interessanter Ideen.
Viele Tageseinrichtungen feiern schon über Jahre hinweg bestimmte Ereignisse gleich. „Es war schon immer so", so lautet das Argument. Jedoch ist nichts schlimmer als Eingefahrenes. Es verliert schnell seinen Reiz. Daher sollte sich jedes Team trauen, alte Zöpfe abzuschneiden und Platz für neue, spannende Aktionen schaffen. Kinder und Eltern werden dann nicht mehr bespielt, sondern gestalten aktiv mit.

Da oft die Zeit fehlt, neue Angebote selbst zu planen, ist es hilfreich, auf vorhandene Vorschläge zurückzugreifen. Diese brauchen dann nur noch auf die Bedürfnisse des jeweiligen Kindergartens abgestimmt zu werden. Mitmachaktionen, bei denen Kinder und Erwachsene aktiv in Handlungen und Abläufe mit einbezogen werden, geben einem Spielfest einen eigenen Spaßfaktor. Kinder, Erzieher und Eltern sind gemeinsam für das Gelingen der Aktionen verantwortlich! Das schweißt zusammen und der Erfolg wird doppelt so groß. Kinder und Eltern sind bestimmt begeistert und den Erziehern wird eine Menge an Arbeit abgenommen.

Diese Form der Gestaltung von Aktionstagen gibt den Eltern, Freunden, Verwandten sowie Kooperationspartnern einen willkommenen Einblick in die pädagogische Arbeit der Erzieher/innen. Sie erleben – in einem außergewöhnlichen Rahmen – Alltägliches aus der Tageseinrichtung. Sie haben die Möglichkeit, Fingerspiele mitzuspielen, Bewegungsgeschichten aktiv zu erleben, in Fantasiereisen einzutauchen oder gemeinsam selbst Spielzeug herzustellen.
Eigens zugeschnittene Mitmachimpulse wie Lieder, Verse, Geschichten, Fingerspiele, musikalische Mitmachgeschichten, Fantasiereisen, kreative Aktionen, Bewegungsgeschichten lassen sich schnell in einen Ablauf einbauen und geben dann einem Aktionstag eine ganz eigene Note. Probieren Sie es, liebe Erzieherin, und feiern sie mal anders! Sie werden sehen, Feiern ist bei einer guten Planung keine Last, sondern macht nicht nur Kindern ganz viel Lust. Mit Hilfe dieser Anregungen ist es leicht, sich auf neue Wege einzulassen. Viel Freude bei der Entdeckung der neuen Aktionslust wünscht Ihnen

Ihre Ingrid Biermann

Spiele

Akrobatenspiele unter freiem Himmel

Eine gute Möglichkeit, neue Spielgeräte und -materialien auszuprobieren, ist, sie sich von anderen Kindergärten, Schulen oder Sportvereinen auszuleihen. Richten Sie eine Tausch- und Leihbörse ein, bei der mehrere Institutionen untereinander ihre Geräte je nach Bedarf austauschen. Davon profitiert jede der Einrichtungen, denn so haben alle die Möglichkeit, kostengünstig mit Geräten zu arbeiten, deren Anschaffung sonst zu teuer wäre. Vorhandenes Gerät kann so auch besser genutzt und Neuerwerbungen können schneller getätigt werden.

Akrobaten im Zirkus Floh

Dieses Angebot ist für einen warmen sonnigen Tag gedacht. Die Geräte werden auf dem Spielplatz bereitgestellt. Jedes Kind nimmt einen Sitzhocker mit nach draußen.

Material:	Laufdosen, Hüpfbälle, Balancierscheiben, Rollbretter, Pedalos, Wackelbrett, Hüpfbrett u. Ä., eventuell Schminke oder einige Verkleidungsstücke, Sitzhocker
Hinweis:	Für dieses Bewegungsspiel kann auch auf das vorhandene Material im Kindergarten zurückgegriffen werden.
Einstieg:	Die Kinder sitzen in einem großen Kreis auf ihren Hockern, die Erzieherin initiiert ein Gespräch, etwa mit der Frage: „Habt ihr schon einmal einen Zirkus besucht?" und leitet anschließend zur Geschichte vom Zirkus Floh über.

In der Stadt herrscht helle Aufregung. Wie jedes Jahr hat sich der Zirkus Floh angekündigt und darauf freut sich schon Jung und Alt. Es ist nämlich ein ganz besonderer Zirkus: Er hat nur Tiere und als Akrobaten werden immer die Bewohner der Stadt eingeladen. Noch etwas zeichnet diesen Zirkus aus. Er hat kein Zelt. Die Vorstellungen finden unter freiem Himmel und nur bei Sonnenschein statt. Bisher hatte der Zirkus Glück. Die Sonne war in all den Jahren immer zur Stelle. Auch in diesem Jahr scheint sie wieder und es sieht ganz so aus, als habe der Zirkus Floh die Sonne gemietet. Wenn auf der großen Wiese im Stadtpark die Stühle aufgestellt sind, geht Bingo, der Clown, durch die Straßen, zeigt dort seine Kunststücke und ruft die Menschen so zum Mitmachen auf. Sein Ziel in der Stadt ist der Marktplatz. Dort

Spiele

treffen sich viele Menschen und genau dort macht Bingo seine Späße. Seine Affen, Blitz und Donner, hat er zur Freude aller auch mitgebracht. Blitz hüpft den Leuten von Schulter zu Schulter, stößt den Männern die Hüte vom Kopf oder stibitzt blitzschnell aus den Einkaufskörben Bananen. Der Name Blitz passt also sehr gut zu ihm. Aber auch Donner, der andere Affe, ist so schnell wie Blitz. Bevor er jedoch mit seinen Späßen beginnt, stellt er sich hin, macht sich ganz groß und donnert mit den Fäusten auf seine Brust. Eines aber machen die beiden Affen immer gemeinsam und das wissen die Zuschauer schon. Blitz und Donner schlagen zusammen unzählige Purzelbäume. Die Zuschauer stehen dabei und zählen laut mit. Das ist immer ein Riesenspaß. Im letzten Jahr haben die beiden 88 Purzelbäume hintereinander geschlagen und in diesem Jahr, so hat Bingo angekündigt, sollen es noch viel mehr sein. Und richtig. In diesem Jahr schaffen sie genau 100 Purzelbäume. Die Menschen sind begeistert, klatschen und werfen zum Dank Geld in einen Hut. Nach dieser Vorstellung geht Bingo herum und schreibt die Namen der Leute auf, die in diesem Jahr mitmachen wollen. Es sind so viele, dass Bingo einige auf das nächste Jahr vertrösten muss.
Pünktlich um 12 Uhr treffen sich die Mitspieler im Stadtpark. Der Zirkusdirektor begrüßt sie, und Bingo und die Affen Blitz und Donner sind natürlich auch dabei. Gemeinsam wird nun das Balancieren und Seiltanzen, das Ballhüpfen, Dosenlaufen und natürlich das Purzelbaumschlagen geübt. Viele anstrengende Stunden vergehen und schließlich steht das Programm. Bingo geht mit Blitz und Donner wieder

durch die Stadt und verteilt Eintrittskarten. Am späten Nachmittag ist es so weit. Unzählige Besucher strömen in den Zirkus Floh. Bingo und der Direktor müssen sogar noch Stühle aufstellen, so viele Zuschauer sind in diesem Jahr gekommen. Und nun geht es los. Die Spannung ist riesengroß. Die Mitspieler sind sehr aufgeregt. Doch wie immer klappt alles wie am Schnürchen. Zwei Stunden lang sehen die Besucher wunderbare Kunststücke. Auch Blitz und Donner schauen zu. Sie klatschen nach jeder Vorführung und erheitern die Besucher mit ihren Purzelbäumen. Wieder zählen die Besucher laut mit. Sehr schnell vergeht die Vorstellung und als sich der Direktor, Bingo, Blitz und Donner verabschieden, versprechen sie, im nächsten Jahr wiederzukommen. Dann werden Blitz und Donner noch mehr Purzelbäume schlagen. Darauf freuen sich die Menschen schon jetzt und warten gespannt auf das nächste Jahr. Als der Zirkus die Stadt verlässt, stehen fast alle Einwohner an den Straßen und winken dem Direktor, Bingo, Blitz und Donner lange hinterher.

Auswertung: Nach dieser Geschichte werden die vorhandenen Spielgeräte und -materialien zum Experimentieren und Üben verteilt. Jedes Kind soll dabei alle Geräte ausprobieren können.

Schluss: Nach einer längeren Experimentierphase, die den größten Teil des Tages ausmachen oder sogar mehrere Tage dauern kann, werden die „Kunststücke" einer anderen Gruppe vorgestellt oder auf einem kleinen Akrobatenzirkusfest gezeigt. Dazu können sich die Kinder schminken oder verkleiden.

Mitmach-geschichte

Herr Langsam und Frau Schnell

Dieses Geschichte eignet sich gut für den Morgenkreis. Alle angegebenen Bewegungen und Tätigkeiten werden von den Kindern langsam bzw. schnell nachgespielt. Auch die Geschichte wird langsam und schnell vorgelesen.

Langsam lesen!

In einem großen Haus wohnt Herr Langsam. Er ist, genau wie sein Name sagt, sehr, sehr langsam. Morgens, wenn er aufsteht, braucht er sehr viel Zeit, denn er wäscht sich langsam, zieht sich langsam aus und wieder an, geht langsam zum Frühstückstisch, isst langsam sein Brot, zieht langsam seinen Mantel an und geht dann ganz, ganz langsam die Treppe hinunter, ganz langsam die Straße entlang, und es dauert sehr lange, bis er seine Arbeitsstelle erreicht hat. Dort schreibt er den ganzen Tag sehr langsam Briefe. Abends geht er wieder langsam nach Hause, geht langsam die Treppe hinauf, zieht langsam seinen Mantel aus, isst langsam sein Abendbrot, zieht sich langsam aus, legt sich langsam ins Bett und schläft langsam ein.

Schnell lesen!

Gegenüber wohnt Frau Schnell. Sie ist genau, wie es ihr Name sagt, sehr, sehr, schnell. Morgens, wenn sie aufsteht, braucht sie wenig Zeit, denn sie wäscht sich schnell, zieht sich schnell aus und wieder an, geht schnell zum Frühstückstisch, isst schnell ihr Brot, zieht schnell ihren Mantel an und geht dann ganz, ganz schnell die Treppe hinunter, schnell die Straße entlang, und es dauert nicht lange, bis sie ihre Arbeitsstelle erreicht hat. Dort schreibt sie den ganzen Tag schnell viele Briefe. Abends geht sie wieder schnell nach Hause, geht schnell die Treppe hinauf, zieht schnell ihren Mantel aus, isst schnell ihr Abendbrot, zieht sich schnell aus, legt sich schnell ins Bett und schläft ganz schnell ein.
Herr Langsam und Frau Schnell begegnen sich leider nie, denn dafür ist Herr Langsam zu langsam und Frau Schnell zu schnell.

Mitmachgeschichte

Lotte, die Flotte

Diese Mitmachgeschichte ist sowohl im Morgen- bzw. Abschlusskreis als auch vor einem Turnangebot einsetzbar.

Material: eine Pfeife, ein Tamburin

Vorbereitung: Für diese Mitmachgeschichte sollte viel Platz zur Verfügung stehen.

Einstieg: Lotte ist gerade erst fünf Jahre alt, aber im Turnen sehr begabt. Seit einem Jahr ist sie in einem Sportverein und dort hat sie schon viel gelernt. Faul zu sein oder mal keine Lust zu haben, das gibt es für sie nicht. Weil Lotte im Sport so gut ist, wird sie von allen anderen „Lotte, die Flotte" genannt. Der Übungsleiterin im Turnverein, Frau Schröder, machen die Kinder, besonders Lotte, sehr viel Freude. Deshalb denkt sie sich jede Woche etwas Neues aus. Auch heute weiß noch niemand, was gemacht wird.

Wollt ihr auch mal mit zu Frau Schröder? Kommt, wir gehen heute gemeinsam zum Turnen. (Alle machen Gehbewegungen auf der Stelle.) O je (Erzieherin schaut auf die Uhr.), wir müssen uns beeilen, es ist schon spät! (Alle gehen schneller.) Endlich sind wir da.

Wir gehen in den Umkleideraum, ziehen unsere Kleidung aus (pantomimisch ausziehen) und unser Turnzeug an (pantomimisch anziehen). So, nun aber schnell in die Turnhalle. (Schnell auf der Stelle laufen.) Frau Schröder und die anderen Kinder sind schon da. Wir begrüßen uns (Sich die Hände reichen.) und dann geht es auch schon los. Lotte ist auch da, sie winkt uns zu. (Sich gegenseitig zuwinken.) Frau Schröder gibt ein Zeichen (Erzieherin pfeift.) und ruft: „Auf, ab, auf, ab, auf, ab." Diese Worte ruft sie immer wieder und alle gehen schnell hintereinander in die Hocke und kommen wieder hoch. (Mehrmals in die Hocke gehen und wieder aufstehen.) Dabei halten alle ihre Arme nach vorne ausgestreckt.

Nun machen wir mit Frau Schröder einen Dauerlauf. Sie läuft voran und wir hinterher. (Alle laufen hinter der Erzieherin her.) Mit einem Mal ertönt ein lauter Pfiff (Erzieherin pfeift.) und wir bleiben stehen. (Alle bleiben stehen.) Frau Schröder hüpft nun wie ein Hampelmann. Sie springt in die Grätsche, schlägt die Hände überm Kopf zusammen und hüpft zurück in den aufrechten Stand. Wir machen mit. (Alle machen die Hampelmannbewegungen.) Dabei kommt man ganz schön ins Schwitzen. (Mit der Hand über die Stirn streichen.)

Jetzt holt Frau Schröder ein Tamburin. Sie gibt den Takt vor und wir springen wie ein Hüpfball immer auf der Stelle. (Nach Tamburinschlag auf der Stelle springen.) Da muss man schon kräftig pusten. Doch kaum haben wir das geschafft, drehen wir unsere Arme so schnell wie eine Windmühle (Die Arme drehen.), zuerst von hinten nach vorne, dann von vorne nach hinten. Nun können sich einige Kinder eine Turnübung ausdenken. Na, wer von uns hat Lust und macht etwas vor? (Jedes Kind kann nun den anderen etwas vormachen, die anderen machen die Bewegungen nach.) Jetzt sind aber alle ganz schön aus der Puste. Frau Schröder schaut auf die Uhr. Die Sportstunde ist zu Ende.

Schnell gehen wir in den Umkleideraum, ziehen uns aus, waschen uns und ziehen uns an (Alles pantomimisch darstellen). Danach verabschieden wir uns (Die Kinder geben sich die Hand.) und gehen nach Hause.

Auch Lotte geht nach Hause. Sie ist müde, genau wie wir. Denn für sie war es auch eine anstrengende Stunde. Aber eines wissen wir jetzt: wir sind genauso flott wie Lotte.

Kreatives Gestalten

Alles, was sich bewegt

Schaukelkind

Material: weiße Pappe, Wachsmalstifte, Wolle, Krepppapier, Schere, Klebstoff, ein scharfes Messer, Tesafilm, pro Figur 1 Toilettenpapierrolle und 1 Pfeifenputzer

Herstellung: Die Erzieherin schneidet die Toilettenpapierrolle der Länge nach durch. Die beiden halben Röhren liegen wie zwei Wiegen mit der runden Seite auf dem Tisch. Ein Pfeifenputzer wird halbiert und die beiden Stücke werden in der Mitte zusammengedreht, so dass die vier Enden wie ausgestreckte Arme und Beine auseinander stehen. Auf die weiße Pappe wird der Umriss eines Körpers gemalt, ausgeschnitten und angemalt. Mit Wolle und Krepppapier bekommt diese Figur Haare, ein Kleid, einen Rock usw. An diesen Pappkörper werden die Pfeifenputzer so geklebt, dass die vier Enden als Arme und Beine über den Körper hinausragen. Nun nimmt die Erzieherin ein Messer und schneidet in die Toilettenrollenhälfte auf jeder Seite eine kleine Kerbe. Dort wird der Pappkörper festgesteckt. Nun kann die Rolle hin und her geschaukelt werden und das Männchen schaukelt mit.

Zappelmann

Material: ein Messer, Klebstoff, Schere, Wachsmalstifte, etwas trockener Sand, Watte, Wolle, Krepppapier, pro Figur 1 Toilettenpapierrolle, 4 Luftballons und 1 größere Wattekugel

Herstellung: In die vier Luftballons wird ein wenig Sand gefüllt. Danach werden sie zugeknotet. Auf die Toilettenpapierrolle wird mit Wachsstiften der Körper des Zappelmanns gemalt. Die Erzieherin schneidet mit dem Messer oben und unten jeweils gegenüberliegend eine Kerbe. Dort verkeilt sie nun die Luftballons als wackelnde Arme und Beine. Nun wird die Wattekugel als Kopf aufgeklebt. Mit Krepppapier, Watte und Wolle kann der Zappelmann individuell verschönert werden.

Wackelclown

Material: Zahnstocher, Plakafarbe, etwas Pappe, Krepppapier in verschiedenen Farben, Pinsel, Schere, Klebstoff, pro Figur 1 große, 1 mittelgroße und 1 ganz kleine Wattekugel

Herstellung: Die große und mittlere Wattekugel werden mit Hilfe eines Zahnstochers miteinander zum Körper des Wackelclowns verbunden. Aus Pappe wird ein Streifen geschnitten und zu einem kleinen Ring zusammengeklebt. Darauf stellt man den Wattekugelkörper. Der Körper wird nun mit Farbe und Pinsel bunt bemalt. Auch die kleine Wattekugel wird auf einen Zahnstocher gesteckt, mit roter Farbe angemalt und als Nase im Gesicht des Clowns befestigt. Nun kann das Clownsgesicht gemalt werden. Zum Schluss bekommt der Clown Haare aus Krepppapier.

Purzelmann

Material: ein Käseschachtel, Wachsstifte, Schere, Klebstoff, weißes Tonpapier

Herstellung: Aus Boden und Deckel der Käseschachtel wird ein großer Kreis herausgeschnitten. Auf das weiße Tonpapier wird der Umriss eines Körpers gemalt. Er muss so groß sein, dass man ihn auf die entstandenen Öffnungen der Käseschachtel kleben kann. Nun wird die Käseschachtel von beiden Seiten bemalt und zusammengeklebt. Danach wird zweimal der Körper aus dem Tonpapier ausgeschnitten. Beide Körper werden nun angemalt und jeweils auf eine der kreisrunden Öffnungen geklebt. Nun kann der Purzelmann gerollt werden.

Schlabbermänner

Material: Luftballons, Tonpapier in verschiedenen Farben, Wattekugeln, Korken oder kleine Jogurtbecher, Klebstoff und Filzstifte (geeignet für Luftballons), Wolle

Herstellung: Der Luftballon wird aufgeblasen und fest zugeknotet. Aus dem Tonpapier werden schmale Streifen geschnitten. Aus jeweils zwei Streifen wird die bekannte Ziehharmonika gefaltet. Davon werden vier benötigt. Diese werden seitlich als Arme und unten als Beine angeklebt. Der Knoten des Luftballons sitzt oben auf dem Kopf. Daran wird ein Wollfaden gebunden, an dem er aufgehängt werden kann. Nun wird die Wattekugel, der Korken oder der kleine Joghurtbecher als Nase angeklebt. Der Schlabbermann bekommt zum Schluss noch ein Gesicht, das mit Filzstiften aufgemalt wird.

Lieder

Lustige Bewegungslieder

Es geht ein Zi-Za-Zappelmann
(Melodie: Es tanzt ein Bi-Ba-Butzelmann)

Alle Kinder stehen im Kreis und singen gemeinsam das Lied vom Zappelmann. Bei jeder Strophe hüpft jeweils ein anderes Kind als Zappelmann im Kreis. Alle Kinder und der Zappelmann agieren dem Lied entsprechend, indem sie mit den Fingern zappeln, mit den Armen zappeln, mit dem Kopf wackeln usw.

Es geht ein Zi-Za-Zappelmann in diesem Kreis herum, dideldum,
es geht ein Zi-Za-Zappelmann in diesem Kreis herum.
Die Finger zappeln hin und her, das freut den Zappelmann so sehr.
Es geht ein Zi-Za-Zappelmann in diesem Kreis herum.

Weitere Strophen:
… Die Arme zappeln hin und her …
… Der Kopf, der wackelt hin und her …
… Der Po, der wackelt hin und her …
… Der Bauch, der wackelt hin und her …
… Die Beine wackeln hin und her …
… Der Körper wackelt hin und her …
… Der Zappelmann, der ruht sich aus, er zappelt langsam nun nach Haus …

Ein kleiner Wackelmann
(Melodie: 10 kleine Kinderlein)

Während die Kinder das Lied singen, wackeln sie mit dem ganzen Körper.

Ein kleiner Wackelmann, der wackelt ganz allein,
er sucht sich einen Wackelmann und schon sind sie zu zwein.
Zwei kleine Wackelmänner wackeln auch mit dir,
sie hol'n sich einen Wackelmann und nun sind sie schon vier.
Vier kleine Wackelmänner wackeln durch die Nacht,
sie treffen auf vier Wackelmänner und nun sind es acht.
Acht kleine Wackelmänner wackeln nun nach Haus,

Nach der letzten Strophe gehen die Kinder in die Hocke, schließen die Augen und schnarchen leise.

sie legen sich zum Schlafen hin, ruh'n sich für heute aus.

Schaut her, ich bin ein Hampelmann
(Melodie: Ein Vogel wollte Hochzeit machen)

Mit dem Finger auf sich zeigen.	Schaut her, ich bin ein Hampelmann,
Wie ein Hampelmann mit Armen und Beinen hampeln.	ich zeig dir nun, was ich so kann. Fideralala …
Mit dem Kopf nicken.	Ich nicke mit dem Kopf und dann
Mit Armen und Beinen hampeln.	fang' ich ganz froh zu hampeln an. Fideralala …
Arme heben.	Ich heb die Arme, schau, und dann
Mit Armen und Beinen hampeln.	fang' ich ganz froh zu hampeln an. Fideralala …
Abwechselnd die Beine heben.	Ich heb die Beine, schau, und dann
Mit Armen und Beinen hampeln.	fang' ich ganz froh zu hampeln an. Fideralala …
Mit Armen und Beinen hampeln.	So hampel ich den ganzen Tag,
	weil ich das Hampeln gerne mag. Fideralala…
In die Hocke gehen. Leise summen.	Und bin ich müd, geh ich zur Ruh und mache meine Augen zu. Fideralala …

Spiele

Eine Spaßolympiade

Veranstalten Sie einmal bei schönem Wetter auf Ihrem Spielplatz eine Spaßolympiade mit nicht alltäglichen Spielen. Die Kinder werden viel Freude an den verschiedenen Aufgaben haben. Alle angegebenen Spiele können mehrmals gemacht werden. Die Spiele eignen sich genauso gut für ein Familienfest, d. h. auch Erwachsene können bei der Spaßolympiade mitmachen.

Material:

2 Paar Schwimmflossen, viele Fähnchen, eine Pfeife, mehrere Tennisbälle, zwei Stockschirme mit gebogenen Griffen, mehrere Frisbeescheiben, zwei Stöcke, Luftballons, 2 Seilchen oder eine lange Schnur, Zeitungen, 2 Kopftücher, 2 Ringe aus Blumendraht, 4 Bambusstäbe, 2 Hocker, mehrere Bierdeckel, rosa Tonpapier, Luftschlangen, Korken, Perlen, Wolle, Scheren, Klebstoff, Locher, Paketband, Zutaten für den Durstlöscher: ungespritzte Zitronen, Honig, Mineralwasser

Flossenlauf

Jeweils zwei Kinder spielen zusammen bzw. gegeneinander. Mit Fähnchen werden zwei gleich lange, parallel laufende Strecken abgesteckt. Die Kinder bekommen Schwimmflossen an ihre Füße. (Die Füße und Flossen nass machen, dann können sie leichter angezogen werden.) Auf ein Signal hin laufen beide die Strecke so schnell wie möglich ab.

Hockeylauf
Jeweils zwei Kinder treten gegeneinander an. Es kann dieselbe Strecke wie beim Flossenlauf genommen werden. Jedes Kind bekommt zwei Tennisbälle und einen Stockschirm. Auf ein Startsignal hin müssen die Tennisbälle nacheinander mit dem Griff des Stockschirmes durch den Parcours zum Ziel gerollt werden.

Frisbee-Zielwurf
Mehrere Kinder stehen nebeneinander an einer Wurflinie. Als Wurfziel ist ein breites Tor aus zwei Stöcken aufgebaut. Die Kinder bekommen eine Frisbee-Scheibe und sollen nacheinander versuchen, die Scheibe von der Linie aus durch die beiden Torstangen werfen.

Bocksprung
Die Kinder finden sich in Zweiergruppen zusammen. Jeweils ein Mitspieler geht in die Bankstellung. Alle diese „Böcke" stehen auf einer Linie im gleichen Abstand nebeneinander. Der zweite Mitspieler jeder Gruppe stellt sich hinter dem ersten auf. Nach einem Signal springen alle gleichzeitig über ihre Mitspieler und gehen dann direkt vor ihnen als „Bock" auf alle Viere. Inzwischen sind die übersprungenen Mitspieler aufgestanden und springen nun ihrerseits usw. Welche Mannschaft ist als erste am Ziel?

Spiele

Ringstechen

Am Ziel stehen zwei Kinder auf einem Hocker und halten an einem Band einen Ring (Blumendraht umwickelt mit leuchtenden Stoffstreifen oder Wolle). Am Start stehen jeweils zwei Kinder. Sie haben jeweils einen Bambusstab in der Hand, ein weiterer Bambusstab liegt auf dem Boden. Auf ein Zeichen hin laufen sie los und ohne anzuhalten werfen sie am Ziel ihren Stab durch den Ring. Dann laufen sie zurück, holen den zweiten Stab und werfen ihn am Ziel ebenfalls durch den Ring. Wer hat zuerst die beiden Stäbe durch den Ring geworfen?

Froschhüpfen

Zwei Kinder stehen nebeneinander an einer Startlinie. Sie spielen zusammen bzw. gegeneinander und gehen in die Hocke. Mit Zeitungsseiten, die Steine darstellen sollen, wird für jedes Kind ein Weg gelegt. Auf ein Zeichen hin hüpfen sie wie Frösche von einem Stein zum anderen bis ins Ziel.

Hochzeitslauf

Hier spielen jeweils zwei Kinder zusammen gegen zwei andere Kinder. Mit Fähnchen werden zwei gleiche Strecken abgesteckt. Die beiden Spielpartner stellen sich nun nebeneinander. Dann werden sie mit einem Kopftuch zusammengebunden: Das linke Bein des rechten Mitspielers am rechten Bein des linken Mitspielers. Auf ein Signal hin gehen, laufen oder hüpfen sie nun um die Wette durch den Parcour zum Ziel.

Rückwärtslauf
Zwei Kinder stehen am Start eines mit Fähnchen markierten Weges. Nach dem Startzeichen läuft jedes auf seiner Seite an den Fähnchen entlang rückwärts zum Ziel.

Ballontreiben
Die Kinder stehen an einer Startlinie und haben einen aufgeblasenen Luftballon in der Hand. Am Ziel halten zwei Kinder eine Schnur hoch. Auf ein Zeichen hin müssen die Kinder am Start loslaufen. Dabei treiben sie ihren Luftballon mit der Hand vor sich her, ohne ihn festzuhalten. Haben sie das Ziel erreicht, werfen sie ihn über die Schnur.

Limonentrunk
Bewegung macht durstig, und deshalb sollte es an einer Spaßolympiade nicht an erfrischenden und belebenden Getränken fehlen. Reiben Sie von zwei unbehandelten Zitronen die Schale ab, pressen Sie den Saft aus und geben Sie beides in einen Krug. Geben Sie 2 EL Honig dazu und lassen Sie diese Mischung etwa 1 Stunde lang ziehen. Dann füllen Sie den Krug mit Mineralwasser auf.

Abschluss:

Am Ende der Spaßolympiade bekommt jeder Teilnehmer eine Medaillie. Gestalten Sie aus einem Bierdeckel, den Sie mit rosafarbenen (Gesichtsfarbe) Tonpapier bekleben, mit Hilfe von Luftschlangen (Haare), Korken (Nase), Perlen (Augen) und Wollfaden (Mund) ein Clownsgesicht.
Kleben Sie den Wollfaden für den Mund nur an den Enden fest. Dann bewegt sich der Mund beim Bewegen des Bierdeckels mit. Befestigen Sie an diesem Clownsgesicht ein Band, dann können die Kinder diese Medaillie stolz nach Hause tragen.

Geschichte

Frau Dahlhoff und die Spielzeugtage

Materialien: unterschiedliche Spielgegenstände aus dem Kindergartenfundus wie Puppen, Kuscheltiere, Autos, Trecker, Kreisel, Bälle usw.

Vorbereitung: Die Erzieherin legt das Spielzeug in einen großen Korb mit Tuch darüber. Dann stellt sie das folgende Einstiegsrätsel:

Es gibt tausend tolle Sachen,
die Jung und Alt viel Freude machen.
Wenn die Sonne mal nicht lacht
und Regen schlechte Laune macht,
dann holst du dir die schönen Sachen,
die dich wieder fröhlich machen.
Spielst stundenlang an einem Ort,
die Langeweile ist schnell fort.
Jung und Alt brauchen die Sachen,
die ganz schnell gute Laune machen.
Was macht gute Laune?
(Spielzeug)

Die Kinder können versuchen, dieses Rätsel zu lösen. Sollte es ihnen nicht gelingen, so können sie auch ohne die Lösung in den Korb fassen, ein Spielzeug erfühlen, es benennen und aus dem Korb ziehen. Die Gegenstände werden in die Mitte gelegt. Mit dem vorhandenen Spielzeug können nun Geräuschratespiele, Kimspiele, Rätselspiele usw. durchgeführt werden.

Was ist das?
Hier ein paar Rateverse zu Spielzeug, das die Kinder im Karton erfühlen können.

Er ist weich, sein Fell ist braun,
ich träum' mit ihm so manchen Traum.
Er brummt mir manchmal etwas vor,
und flüstert leis' was in mein Ohr.
Damit spiel ich jeden Tag,
weil ich das Spielzeug gerne mag.
(Bär)

Es flitzt ganz schnell um die Ecke,
fährt täglich eine lange Strecke.
Es fährt auch mit „Tatü, tata",
wenn irgendwo was Schlimmes war.
Damit spiel ich jeden Tag,
weil ich das Spielzeug gerne mag.
(Feuerwehrauto, Polizeiauto, Krankenwagen)

Ich nehm ihn mit an jeden Ort,
pass ich nicht auf, so rollt er fort.
Ich werfe ihn an eine Wand
und „schwupp" springt er in meine Hand.
Damit spiel ich jeden Tag,
weil ich das Spielzeug gerne mag.
(Ball)

Tsch, tsch, tsch, geht's mit Geschnauf
einen hohen Berg hinauf.
Die Menschen steigen ein und aus,
sie bringt sie schnell und gut nach Haus.
Damit spiel ich jeden Tag,
weil ich das Spielzeug gerne mag.
(Eisenbahn)

Ich spiele damit gern im Sand,
im Urlaub spiele ich am Strand.
Es gibt ihn groß oder auch klein,
in ihn da passt sehr viel hinein.
Damit spiel ich jeden Tag,
weil ich das Spielzeug gerne mag.
(Eimer)

Geschichte

Nach dieser Spielrunde lauschen die Kinder der folgenden Spielzeuggeschichte.

Maik geht seit drei Jahren in den Kindergarten und manchmal hat er gar keine Lust. Er kennt die Kinder, den Spielplatz und auch das Spielzeug schon so genau, dass es ihm ab und zu langweilig wird. Einmal in der Woche haben sie in ihrer Gruppe eine Meckerrunde. Da kann dann jeder sagen, was ihm nicht mehr gefällt und was er sich gerne einmal wünscht. In der letzten Woche hat Maik gesagt, dass ihm oft sehr langweilig sei, weil er ja schon alles kenne. Frau Dahlhoff, die Erzieherin, hat sich daraufhin etwas ganz Tolles einfallen lassen und seit dieser Zeit geht Maik wieder gerne in den Kindergarten. Nun ist jeden Mittwoch in seiner Gruppe Spielzeugtag. Jedes Kind kann dann sein eigenes Spielzeug von zu Hause mitbringen.

Aber es ist nicht irgendein Spielzeug, was mitgebracht werden soll, sondern immer ein ganz bestimmtes, z. B. ein weiches Spielzeug, ein Wasserspielzeug, ein Schmusespielzeug oder ein Hosentaschenspielzeug. Ach, du weißt nicht, was ein Hosentaschenspielzeug ist? Es ist ein Spielzeug, das genau in die Hosentasche passt. Es darf nur so groß sein, dass man es in der Hose verstecken kann. Maik muss dann schon ganz genau suchen, bis er das richtige Spielzeug gefunden hat. Aber allein das Suchen macht sehr viel Spaß, denn dabei entdeckt er Sachen, die er wochenlang nicht mehr gesehen hat. Maik ist sehr erstaunt, wie viel Spielzeug er eigentlich hat.

Heute ist wieder Dienstag. Alle Kinder sitzen im Abschlusskreis und sind gespannt darauf, welches Spielzeug sie morgen mitbringen können. Frau Dahlhoff hält eine gelbe Tasche in der Hand. Es ist die Tasche eines Briefträgers, und darin ist für jedes Kind ein echter Brief. Sogar ein Stempel ist auf jedem Brief. Gespannt sitzen die Kinder auf ihrem Stuhl, denn einen Brief haben viele noch nie bekommen. Wie ein richtiger Postbote verteilt Frau Dahlhoff die Briefe.

Nachdem die Kinder sie vorsichtig geöffnet haben, liest Frau Dahlhoff den Inhalt jedes Briefes vor: Die Spielzeugfee hat den Kindern geschrieben und bittet sie, am nächsten Morgen ein genau beschriebenes Spielzeug mitzubringen. „Das ist heute aber eine besonders schwierige Aufgabe", denkt Maik auf dem Heimweg, denn er soll etwas mitbringen, das sich dreht und Geräusche macht. Sofort, als er zu Hause ankommt, beginnt er zu suchen. Etwas, das sich dreht und auch Geräusche macht, ist ganz schön schwer zu finden. In seinem Zimmer ist solch ein Spielzeug nicht und deshalb schaut er auf dem Dachboden, im Abstellkeller und sogar im Vorratskeller nach. Doch auch hier findet er nichts. Als er ohne Erfolg zurück in sein Zimmer geht, hört er aus dem Zimmer seiner kleinen Schwester ein leises Summen. Er schaut hinein und sieht, wie sie mit einem bunten Kreisel spielt. Er dreht sich und macht dazu Musik. Maik strahlt, denn er hat das gesuchte Spielzeug gefunden. Am anderen Morgen geht er sehr gespannt in den Kindergarten. Frau Dahlhoff ist erstaunt. Jedes Kind hat genau das Spielzeug mitgebracht, was es mitbringen sollte. Nun beginnt ein lebhaftes Vorstellen, Vergleichen, Tauschen und Ausprobieren des Spielzeuges. Den ganzen Morgen sind die Kinder mit ihrem Spielzeug beschäftigt und haben dabei viel Spaß. Die Freispielzeit vergeht heute besonders schnell und als Maik von seiner Mutter abgeholt wird, bedankt er sich bei Frau Dahlhoff noch einmal für die tolle Idee. Spielzeugtage sind nun aus Maiks Gruppe nicht mehr wegzudenken und immer wieder hat Frau Dahlhoff dazu neue Ideen, die allen Kindern viel Freude bereiten.

Auswertung: Diese Geschichte eignet sich als Einstiegsangebot für die Spielzeugtage. Einmal in der Woche, im Monat oder in anderen regelmäßigen Zeitabständen können die Kinder dann auch ein besonderes Spielzeug mitbringen. Dieses Angebot bringt neuen Schwung in den Kindergartenalltag.

Spiele

Der kunterbunte Spielzeugtag

An diesem Tag können die Kinder unterschiedliches Spielzeug mit in den Kindergarten bringen. Mit all den Dingen wird eine kunterbunte Spielrunde gestaltet.

Autorennen
Die Kinder, die ein Auto mitgebracht haben, binden mit Hilfe der Erzieherin einen langen Wollfaden an das Auto. An das Ende des Fadens wird eine Papierrolle befestigt. Nun werden alle Autos an einer Startlinie aufgestellt. Auf ein Kommando wickeln die Kinder den Wollfaden auf die Papprolle und holen so ihr Auto zu sich heran. Wessen Auto ist zuerst am Ziel?

Puppen, Autos, Teddybär

In einem großen Seilkreis liegen Puppen, Autos, Teddybären und anderes Spielzeug. Die Kinder laufen nach Tamburinschlag durch den Raum. Wird der Name eines Spielzeugs gerufen, so laufen sie zum Kreis, holen den genannten Gegenstand und legen ihn vor der Erzieherin auf den Boden. Nach jeder Runde wechselt sie ihren Standort. Ist kein Spielzeug mehr im Kreis, können alle Gegenstände auf umgekehrte Weise wieder zurückgebracht werden.
Variation: Bei jeder Runde kann eine andere Gangart gewählt werden (z. B. Hüpfen, große Schritte, rückwärts oder auf allen Vieren gehen).

Die Spielzeugdiebe
Im Raum liegt Spielzeug verteilt. Zwei Kindern werden die Augen verbunden. Sie kriechen mit einem Korb in der Hand umher und suchen Spielzeug zusammen. Wer hat in einer bestimmten Zeit das meiste Spielzeug ergattert?

Der tanzende Teddy

Die Kinder stehen im Kreis. Sie werfen sich zur Musik den Teddy (oder ein anderes Kuscheltier) zu. Der Teddy sollte nicht auf die Erde fallen. Wird die Musik gestoppt, bekommt das Kind, welches den Teddy in der Hand hält, einen Punkt auf Nase, Wange oder Stirn. Wer hat am Schluss des Spiels die meisten Punkte im Gesicht?

Die Spielzeugstaffel

Zwei Stuhlreihen werden parallel aufgestellt. Der Abstand zwischen den Stühlen jeder Reihe ist nur so groß, dass alle Kinder gefahrlos von Stuhl zu Stuhl gehen können. Nun werden die Kinder in zwei gleich große Gruppen aufgeteilt, die sich auf einer Seite der Stuhlreihen aufstellen. Am anderen Ende liegt jeweils die gleiche Anzahl Spielzeug. Auf ein Startsignal hin geht ein Kind jeder Gruppe über die Stuhlreihe zum Spielzeug, nimmt einen Gegenstand, läuft außen herum zurück und legt das Spielzeug am Startpunkt ab. Dann startet das zweite Kind. Das Spiel ist beendet, wenn alle Spielsachen vom Ziel zum Start gebracht wurden.

Spielzeug ertasten

In einem Reifen liegt Spielzeug. Zwei Kindern werden die Augen verbunden. Sie knien am Rand des Reifens. Ein drittes Kind nennt ein Spielzeug, z. B. Auto. Nun müssen die beiden Kinder versuchen, so schnell wie möglich das Auto in der Spielzeugmenge zu ertasten und herauszuholen. Wer hat zum Schluss die meisten Spielzeuge ertastet?

Spiele zur Förderung der Sinne

Durch Spielzeug werden ganz nebenbei auch die Sinne der Kinder angesprochen, denn die meisten Spielzeuge sind weich oder hart, geben Geräusche von sich, lassen sich erfühlen oder sich einfach durch ihre Form oder Farbe gut beschreiben. Daher kann an einem Lieblingsspielzeugtag, an dem die Kinder ihr Lieblingsspielzeug in den Kindergarten mitbringen und vorstellen können, gemeinsam im Spielkreis eine fröhliche Spielrunde mit dem mitgebrachten Spielzeug durchgeführt werden, bei der alle Sinne der Kinder aktiviert werden. Die Erzieherin sollte den Hinweis geben, dass die Spielsachen nach Möglichkeit auch Geräusche von sich geben sollten.

Ich fühle was, was du nicht fühlst

Hinweis:

Die Spiele werden mit geschlossenen Augen durchgeführt. Die Anzahl der Spielzeuge bei den einzelnen Aufgaben sollte dem Alter des jeweiligen Kindes angepasst werden.

Was ist das?
In der Kreismitte stehen 6 verschiedene Spielzeuge. Ein Kind muss das Spielzeug ertasten und benennen.

Was fehlt?
In der Kreismitte stehen fünf bis zehn verschiedene Spielzeuge. Alle Kinder betrachten einige Sekunden alle Spielzeuge. Ein Kind schließt die Augen. Ein Spielzeug wird weggenommen. Das Kind soll nun feststellen, welches Spielzeug fehlt.

Paare bilden
In der Kreismitte stehen durcheinander 3 Spielzeugpaare. Ein Kind soll mit verbundenen Augen versuchen, die Spielzeugpaare durch Abtasten zusammenzustellen.

Was passt nicht dazu?
In der Kreismitte stehen 5 Spielzeuge. Davon gehören z. B. vier der gleichen Spielzeuggruppe an (Kuscheltiere, Autos, Puppen). Eines passt jedoch nicht zu der Spielzeuggruppe. Das Kind versucht, dieses Spielzeug herauszufinden und zu benennen.

Ich höre was, was du nicht hörst

Was klingt so?
Verdeckt werden nacheinander Geräusche mit 6 verschiedenen Spielzeugen gemacht. Das Kind muss jeweils erraten, um welches Spielzeug es sich handelt.

Wer hat das Spielzeug?
Ein Kind sitzt mit geschlossenen Augen in der Kreismitte. Ein paar andere Kinder bekommen ein Geräuschspielzeug. Nun nennt die Erzieherin das Spielzeug, das das Kind am Geräusch erraten muss, z. B. Quietschente oder Sprechpuppe. Die Kinder, die ein Spielzeug haben, erzeugen damit der Reihe nach ein Geräusch. Das Kind in der Mitte hört sich die Geräusche nacheinander an. Hört es das seiner Meinung nach zum Spielzeug gehörende Geräusch, ruft es laut: „Stopp". Dann öffnet es die Augen und überprüft, ob es richtig geraten hat.

Spiele

Was bin ich?
Ein Kind steht mit geschlossenen Augen in der Kreismitte. Einige andere Kinder bekommen ein Geräuschspielzeug und setzen sich mit ihrem Stuhl ebenfalls in die Kreismitte. Nun ertastet das spielende Kind ein anderes Kind, setzt sich auf dessen Schoß und sagt: „Spielzeug, komm, ich hör dir zu, sag mir schnell, wie heißt denn du?" Nun macht das Kind mit seinem Spielzeug ein Geräusch. Das spielende Kind muss das Spielzeug erraten.

Gleich und gleich
Zwei Kinder bekommen je einen Karton oder einen großen Beutel, in dem identisches Spielzeug ist. Nun übernimmt immer abwechselnd eines die Rolle des beschreibenden und eines die Rolle des ratenden Kindes. Das beschreibende Kind fasst in seinen Beutel (bzw. Karton), befühlt ein Spielzeug und beschreibt es. Das ratende Kind fasst in seinen Beutel und sucht das beschriebene Spielzeug. Hat es dieses erfühlt, sagt es: „Ich habe es." Jetzt holen beide das Spielzeug aus dem Beutel und sollten nun ein Pärchen haben. Danach werden die Rollen getauscht oder andere Kinder sind an der Reihe.

Hier bin ich
Zwei Kindern werden die Augen verbunden. Ein Kind bekommt ein Spielzeug in die Hand, das ein Geräusch macht. Nun gehen beide langsam und vorsichtig durch den Raum. Das Kind mit dem Spielzeug macht in kurzen Abständen Geräusche, das andere muss versuchen, dem Geräusch zu folgen und das andere Kind zu fangen.

Ich sehe was, was du nicht siehst

Kalt oder heiß
Einem Kind wird ein Spielzeug gezeigt, das es anschließend suchen soll. Es verlässt den Raum und das Spielzeug wird so versteckt, dass zumindest noch ein kleiner Teil von ihm zu sehen ist. Das Kind wird hereingerufen und beginnt mit der Suche, bei der es nichts wegrücken oder durchsuchen muss. Die anderen Kinder geben eventuell Hinweise. Ist das Kind weit entfernt von dem Spielzeug, rufen sie „kalt". Geht es in die richtige Richtung, rufen sie „warm". Ist es fast am Ziel, rufen sie „heiß".

Die richtige Reihenfolge
Ein Kind steht in der Kreismitte. Nun werden z. B. 6 Spielzeuge nebeneinander gelegt. Das Kind muss sich die Reihenfolge der Spielzeuge gut merken. Dann verlässt es den Raum. Nun wird die Reihenfolge verändert, d. h. die Lage eines Spielzeuges wird verändert oder die von mehreren Spielzeugen vertauscht. Das Kind wird wieder hereingerufen und soll herausfinden, welche Spielzeuge vertauscht wurden. Es legt das Spielzeug wieder so hin wie es am Anfang lag.

Was ist gemeint?
In der Kreismitte stehen Spielzeuge. Ein älteres Kind (oder die Erzieherin) beschreibt ein Spielzeug, ohne es zu benennen, die anderen Kinder erraten es und holen es schnell aus der Mitte.

Spielzeug raten
In der Kreismitte stehen Spielzeuge. Vier Kinder stehen im Kreis. Ein Kind wählt gedanklich ein Spielzeug aus. Die anderen versuchen, durch Fragen herauszufinden, welches Spielzeug das Kind gewählt hat. Kann auf die Frage mit „Ja" geantwortet werden, kann das ratende Kind weiterfragen. Bei „Nein" darf das nächste Kind Fragen stellen. Wer kann das Spielzeug durch seine Fragen herausfinden?

Kreatives Gestalten

Spielzeug selbst gemacht

Selbst gemachtes Puzzle

Material: schöne, große Bilder aus Zeitschriften, Kalenderbilder o. Ä., feste Pappe, Klebstoff, Schere, Lineal, Bleistift, ein Briefumschlag

Herstellung: Ein Bild wird auf ein Stück feste Pappe geklebt. Auf der Rückseite können mit Bleistift und Lineal die Schneidelinien aufgezeichnet werden. Nun wird das Bild in Teile zerschnitten und kann in einem Briefumschlag aufbewahrt werden.

Hinweis: Am Anfang sollte das Bild in nur wenige Teile zerschnitten werden. Ist das Puzzle durch mehrmaliges Üben zu leicht geworden, so kann es immer weiter zerschnitten werden, um den Schwierigkeitsgrad zu erhöhen.

Das Kugellabyrinth

Material: ein Holzbrett (30 x 30 cm), schmale, gleich starke und unterschiedlich lange Holzstäbe, Holzleim, ein Bleistift und ein Lineal

Herstellung: Mit dem Bleistift wird ein Labyrinth auf das Holzbrett gezeichnet. Es hat eine Öffnung als Anfang und eine als Ende, dazwischen einen verwinkelten Weg mit vielen Sackgassen. Entlang dieser Strecke werden nun die Hölzer geklebt, sodass ein Irrweg entsteht.

Spielvorschlag: Eine Murmel wird möglichst schnell durch das Labyrinth bis zum Ausgang gerollt.

Wurfspiel

Material: ein großer Karton, Bleistift, Schere, Farbe, Pinsel, viele Tennisbälle, ein Bogen festes Papier, ein Filzstift

Herstellung: In die Vorderseite eines Kartons werden viele unterschiedlich große Löcher geschnitten. Die Löcher werden mit verschiedenfarbigen Rändern versehen, die die Punktzahl kennzeichnen (Beispiel: rot = 10 Punkte, gelb = 5 Punkte usw.). Danach wird der Karton bunt bemalt.

Spielvorschlag: Jedes Kind bekommt eine Anzahl von Tennisbällen, die von einer Wurflinie aus durch die Löcher in den Karton geworfen werden müssen. Die erreichte Punktzahl wird zusammengezählt und aufgeschrieben. Wer wird Wurfkönig?

Fang die Kugel

Material: ein Plastikbecher, ein Wollfaden (ca. 30 bis 50 cm lang), eine dicke Holzkugel mit Loch, ein spitzer Nagel

Herstellung: In den Boden des Plastikbechers wird von der Erzieherin ein kleines Loch gebohrt. Durch dieses kann nun der Wollfaden gezogen werden. Das Fadenende im Becher wird verknotet, am anderen Ende des Fadens wird die Holzkugel festgemacht.

Spielvorschlag: Die Kugel muss mit Schwung hochgeschleudert und mit dem Becher gefangen werden.

Kreatives Gestalten

Mäusefänger

Material: vier Weinflaschenkorken, Stecknadeln mit bunten Köpfen, bunte Wollfäden (rot, gelb, grün, blau), etwas braune Pappe, Schere, starker Klebstoff, feste, weiße Pappe, dicke, bunte Filzschreiber, ein Kuchenteller, ein Plastikbecher

Herstellung: Aus den Korken werden vier Mäuse gebastelt. Sie bekommen bunte Stecknadeln als Augen, sowie Mund und kleine Ohren aus Pappe. Jede Maus hat einen andersfarbigen Wollfaden als Schwanz und auf dem Rücken eine Zahl von 1 bis 4. Auf die weiße Pappe wird mit Hilfe des Kuchentellers ein Kreis gemalt, der in vier gleich große Segmente aufgeteilt wird. In jedes Segment kann nun mit den restlichen Stiften ein Motiv, z. B. ein Stück Käse, eine Wurst, ein Apfel und eine Möhre gemalt werden.

Spielvorschlag: Bei diesem Gruppenspiel gibt es immer vier Mäuse, denen der Mäusefänger auflauert. Die Mäuse suchen sich nach dem Startkommando „Achtung, fertig, los" ein Motiv aus, an dem sie sich satt fressen können. Auf diesem Feld bleiben die Mäuse sitzen. Der Mäusefänger geht nun auf Jagd. Er ruft beispielsweise laut „rot" und versucht dann, über die Maus mit dem roten Schwanz den Plastikbecher zu stülpen. Die rote Maus muss natürlich schnell reagieren und wegrennen: Das Kind, dem die rote Maus gehört, zieht sie so schnell wie möglich am Schwanz vom Feld. Der Mäusefänger spielt so lange, bis er eine Maus von jeder Farbe erwischt hat, dann ist ein anderes Kind Mäusefänger. Die Kinder, deren Mäuse gefangen wurden, dürfen bei der nächsten Spielrunde wieder mitspielen.

Variation: Es kann auch die Nummer, die auf der Maus steht, genannt oder das, was sie frisst, gerufen werden. Somit müssen sich die Kinder immer wieder neu auf das Spiel einstellen.

Katzenfütterung

Material: viele alte Wollstrümpfe, verschiedenfarbige Pappen, Schere, Wollfäden, Weinflaschenkorken, ein Schneidebrett, ein scharfes Messer, eine Schnur (Paketband), ein Locher, ein Tacker, Alleskleber, viele kleine Murmeln

Herstellung: Aus den verschiedenfarbigen Pappen werden Katzenköpfe geschnitten. Die Weinflaschenkorken werden (von der Erzieherin) in Scheiben geschnitten und als Augen und Nase angeklebt. Aus den Wollfäden wird der Schnurrbart gemacht. Danach wird in das Gesicht ein großes Katzenmaul geschnitten. Auf der Rückseite jedes Katzenkopfs wird nun mit einem Tacker der Strumpf befestigt, sodass ein Ballauffangschlauch entsteht. Nun werden die Katzen mit einem Wollfaden an eine Schnur, die von Baum zu Baum gespannt wurde, gebunden.

Spielablauf: Aus einer bestimmten Entfernung versuchen die Kinder nun, die Katzen mit Katzenfutter (kleine Murmeln) zu füttern. Wer in das Katzenmaul trifft, kann die nächste Katze füttern. Wer nicht trifft, muss eine Runde aussetzen.

Spielzeug *Tage*

Spiele

Spiele wie zu Omas Zeiten

Hinweis: Laden Sie für diesen Morgen die Omas oder Opas der Kinder ein. Sie können davon erzählen, welche Spiele und womit sie früher gespielt haben.

Schusterspiel

Spielzeug: Kreide

Ablauf: Ein Schneckenhaus wird auf den Boden gezeichnet. Am Ende ist der Eingang. Dort steht ein Kind. Es macht mit seiner Stimme ein Klingelgeräusch. In der Mitte des Schneckenhauses steht ein anderes Kind. Es ist der Schuster. Nach dem Klingeln hüpft der Schuster auf einem Bein durch die Schnecke. Am Eingang angekommen, fragt der Schuster: „Was kann ich für Sie tun?" Das Kind antwortet: „Ein paar neue Schuhe brauche ich, bitte." Beide Kinder hüpfen nun auf einem Bein in die Mitte der Schnecke. Dort zeichnet der Schuster mit Kreide den Fuß des Kindes auf dem Boden ab. Er fragt: „Kann ich noch etwas für Sie tun?" „Ja", antwortet das Kind, „noch ein paar Schuhbänder, bitte." Der Schuster muss sich umdrehen und mit der Hand den Boden berühren, als ob er die Schuhbänder aufheben wolle. Diesen Augenblick nutzt das Kind und hüpft auf einem Bein zum Ausgang zurück. Der Schuster hüpft hinterher und versucht, das Kind zu fangen. Erreicht das Kind den Eingang, so ist es frei. Wird es vom Schuster eingeholt, muss es der neue Schuster sein.

Tauziehen

Spielzeug: ein Seil, Kreide

Ablauf: Zwei gleich große Mannschaften stehen sich gegenüber. Zwischen ihnen wird auf dem Boden eine Linie gezogen. Alle Spieler ziehen nun an einem dicken Seil. Jede Mannschaft versucht, das erste Kind der anderen Mannschaft über die Markierungslinie zu ziehen. Die Gruppe, der das gelingt, hat gewonnen.

Schleuderball

Spielzeug: ein Tennisball, ein alter Socken
Ablauf: In den Socken wird der Ball gesteckt, dann wird der Socken zugeknotet. Zwei Spieler stehen sich in einiger Entfernung gegenüber. Nun beginnt ein Kind, den Schleuderball über den Kopf zu drehen, bis dieser richtig Schwung hat. Dann lässt es ihn möglichst so los, dass der Schleuderball in Richtung des Mitspielers fliegt. Dieser soll ihn auffangen. Anschließend schleudert er den Ball zurück.

Ein Ball fällt vom Himmel

Spielzeug: ein Ball, ein großes Tuch, eine Schnur
Ablauf: Die Schnur wird zwischen zwei Bäumen oder Masten gespannt und das Tuch darüber gehängt. Auf jeder Seite des Tuches stehen gleich viele Kinder. Nun werfen beide Seiten den Ball immer hin und her. Dabei können die Spieler nicht sehen, wann und in welche Richtung der Ball geworfen wird. Der Ball darf nicht den Boden berühren.

Abschluss-angebot

Eine ungewöhnliche Spielzeugwoche

Überraschen Sie Ihre Kinder doch einmal mit einem Gruppenraum, in dem sie eine Woche lang ohne das übliche Spielzeug spielen können. Tische, Stühle, Regale sollten bleiben. Nun statten Sie den Raum mit nicht alltäglichen Materialien aus. Da die Kinder sich an dieses Spielzeug zunächst gewöhnen müssen, kann es sein, dass sie am Anfang nicht so begeistert reagieren, wie Sie es erwartet haben. Doch warten Sie erst einmal ab. Nach der Eingewöhnungsphase werden Sie sehen, wie schnell die vielleicht schon ein wenig eingeschlafene Fantasie der Kinder wieder erwacht und sich alle mit viel Begeisterung und Ausdauer dem neuen Spielzeug widmen. Da die Kinder schnell ihre eigenen Spielideen entwickeln, wird sich das Materialbedürfnis ständig ändern. Beauftragen Sie die Kinder deshalb, täglich neues und anderes Material von zu Hause, aus dem Wald, vom Schreiner usw. mitzubringen, damit immer genügend „Spielzeug" und Arbeitsmaterial da ist. Die im Folgenden erwähnten Spielbereiche sind in jeder Einrichtung, die nach dem Prinzip der offenen Arbeit tätig ist, aber auch in den meisten anderen Einrichtungen bekannt. Die hier vorgeschlagene Modellform, alles in der Gruppe gewohnte Spielzeug zu entfernen und durch neue Materialien zu ersetzen, ist jedoch ungewöhnlich. Sie werden sehen, wie positiv sich eine Veränderung auf das Spielverhalten der Kinder auswirken kann. Haben Sie Mut und wagen Sie dieses Experiment!

Baubereich

Die Bauecke kann mit Steinen in verschiedenen Größen und Formen, Hölzern, Ästen, Tüchern, Futtererbsen, Mais, Stroh, Erde, Moos, Gras, Holzklötzen in verschiedenen Formen und Größen usw. ausgestattet werden. Auch Hammer und Nägel, Schnüre und andere Hilfsmittel können das fantasiereiche Spielen unterstützen.

Kreativbereich

Hier sind Kartons in unterschiedlichen Größen und verschiedene Papiersorten in allen Größen und Formen, Kleister, Fingerfarben, Korken, Stoffe, Gips, Eierkartons, Papiertüten, Wolle, usw. zu finden. Bei den Materialien gibt es keine Grenzen. Alles, was verwertbar erscheint und ungefährlich ist, kann hier angeboten werden.

Experimentierbereich

Dieser Bereich wird mit Trichtern, Dosen, Wasserkübeln, Gläsern, Dosen, Lupen, Holzkisten, Erde, Saatgut, Küchengeräten, Pflanzen, Kernen, Blumentöpfen, Sortierbehältern usw. ausgestattet. Hier können die Kinder immer wieder neue Kombinationen entwickeln und Erfahrungen machen.

Rollenspielbereich

Hier können Utensilien aus der Küche, vom Arzt, aus der Verkleidungskiste usw. dazu anregen, in neue Rollen zu schlüpfen und unterschiedliche Verhaltensweisen zu erproben.

Entspannungsbereich

Große Wannen (in die man sich legen kann) mit Erbsen, Bohnen, Kastanien, ein Karton mit Federn, Noppenbälle, weiche Streicheltücher, Duftkissen, Decken oder Matratzen, eventuell ein CD-Spieler mit entspannender Musik und viele Dinge mehr fordern die Kinder auf, sich gegenseitig etwas „Gutes zu tun". Auch Bilderbücher können in diesem Bereich zu finden sein.

Lernbereich

Auch schon im Kindergarten gibt es Kinder, die sich gerne mit Zahlen, Formen, Farben und Buchstaben beschäftigen. Lassen Sie die Kinder in diesem Bereich Kugeln, Steine, Knöpfe zählen, Kunterbuntes nach Farben sortieren, Formen suchen und zusammensetzen, Buchstaben suchen und Bild–Wort–Karten zusammensetzen usw. Es macht Spaß, selbst solches Spielzeug zu erfinden und herzustellen.

Mitmach-geschichte

Der einsame Dideldum

Vorbereitungen:
Die Kinder schneiden aus festem, großen Papier Tannenbäume und verwandeln damit einen Raum, die Ecke eines Raumes oder einen Teil des Flures in einen Tannenwald. Eine braune oder grüne Wolldecke dient als Waldboden.

Materialien:
Stoffbeutel mit Waldtieren (der Beutel sollte sowohl Tiere aus der Geschichte als auch andere Tiere enthalten), CD-Player und Geräusche-CD (z. B.: „Geräusche à la carte" von C. Chapgier-Laboissière / Editions J. M. Fuzeau)

Einstieg: Die Kinder gehen in den von ihnen vorbereiteten Tannenwald. Dort wird ihnen mit Hilfe der Geräusche-CD ein Hörrätsel gestellt: Sie hören verschiedene Wald- und Fremdgeräusche und sollen raten und differenzieren. Danach wird das Rate-Märchen erzählt. Hierzu setzen oder legen sich die Kinder auf den Waldboden.

Es war einmal ein einsamer Dideldum. Er lebte allein, ohne seine Brüder und Freunde, in einem großen Tannenwald, in dem es keine Tiere mehr gab. Alle Tiere hatten vor langer Zeit diesen Wald verlassen, weil sie hier von den Menschen immer nur gehetzt und gejagt wurden. Dideldum aber wollte aus diesem Wald nicht fort. Er liebte diesen Ort. Hier war seine Heimat. Dideldum kannte keine anderen Tiere mehr. Er hatte vergessen, wie sie aussahen. Doch eines Tages gefiel ihm das Alleinsein nicht mehr. Die Nächte waren dunkel und lang und die Tage langweilig und einsam. Mit niemandem konnte er durch den Wald rennen, frisches grünes Gras fressen oder einfach nur faul herumliegen und träumen. Eines Nachts, als er wieder einmal sehr traurig und allein in den Mond schaute, sprach dieser plötzlich mit ihm und fragte: „Warum bist du immer so traurig?" Dideldum erzählte dem Mond, dass er einsam und allein sei und unbedingt jemanden brauche, der bei ihm bleibe. „Die Zeit wird kommen", sagte der Mond, „dann wirst du jemanden finden, der dir deine Einsamkeit nimmt. Du wirst mit ihm viel Spaß haben und dann diese traurigen Tage schnell vergessen. Du musst nur ein wenig Geduld haben. Sei guten Mutes, sperr' unterwegs deine Augen und Ohren auf und du wirst sehen, irgendjemand wird kommen, der bei dir bleibt. Hab' Vertrauen und sei immer wachsam." Als der Mond das gesagt hatte, verschwand er wieder hinter einer dicken Wolke. Dideldum freute sich über die Worte des Mondes und schlief ein. Am nächsten Morgen, als er von der Sonne geweckt wurde, spitzte er seine langen Ohren, schaute nach links und rechts und sprang mit riesigen Sprüngen durch den Wald. Als er zum Fressen eine Pause machte, kam ein stacheliges unbekanntes Wesen auf ihn zu, blieb vor Dideldum stehen, schaute mit seinen großen Augen zu ihm auf und Dideldum war glücklich. „Ist das der Jemand, der für immer bei mir bleibt?", dachte Dideldum.

Er rückte nah an dieses stachelige Wesen heran. Doch, o Schreck! Plötzlich richteten sich die Stacheln auf, wurden ganz hart und Dideldum riss sich seine Pfote ein. „Nein", dachte er, „mit diesem stacheligen Etwas will ich nicht zusammen bleiben!" Und er hoppelte weiter. Nachdem er sich in Sicherheit gebracht hatte, kam ein schnaufendes, dickes Ungeheuer auf vier kurzen Beinen auf ihn zugerannt. Es blieb direkt vor Dideldum stehen, wühlte in der feuchten Erde, wälzte sich im Matsch und stand dreckig und stinkend vor ihm. Dideldum erschrak und sprang mit riesengroßen Sprüngen fort. Nein, bei so einem stinkenden Wesen wollte Dideldum auch nicht bleiben. Erschöpft setzte er sich unter eine uralte Eiche. Der Mond leuchtete durch die Äste und sah wieder Dideldums Traurigkeit. „Warum bist du wieder so traurig?", fragte der Mond. „Ach", sagte Dideldum, „du hast mir so viel Hoffnung gemacht, dass ich jemanden finde, der zu mir passt. Ich habe zwar zwei seltsame Wesen getroffen, aber sie passten gar nicht zu mir." „Lass dir Zeit, hab Vertrauen und Geduld. Eines Tages wirst du jemanden finden und dann wirst du sehr glücklich sein." Doch Dideldum hörte die letzten Worte des Mondes schon nicht mehr. Er war von den Erlebnissen so müde, dass er, ohne einen Bissen zu essen, einschlief.

Am nächsten Morgen sprang er erneut durch den Wald. Immer auf der Suche nach jemandem, der bei ihm blieb. Plötzlich hörte er jemanden laut einen Namen rufen. Dideldum war erfreut. „Jetzt habe ich bestimmt den Richtigen gefunden", dachte er und sprang in die Richtung, aus der das Rufen kam. Vor einem Baum blieb er stehen, schaute nach oben und sah ein unbekanntes Wesen. „Wie heißt du?", fragte Dideldum. Mit frecher Stimme antwortete es: „Stell nicht so dumme Fragen! Du hast doch so riesengroße, hässliche Ohren und hast damit doch nicht meinen Namen gehört. Ich rufe ihn doch ständig. Nein, nein, was gibt es doch für dumme Wesen." Dideldum war wütend über die frechen Worte dieses eigenartigen Wesens. Mit dem wollte er auch nicht zusammenbleiben. Er machte sich so schnell er konnte mit riesigen Sprüngen aus dem Staub. Völlig erschöpft kam er zu einem Fluss. Gerade, als er von dem kühlen Wasser trank, hörte er hinter sich jemanden sprechen: „Na, schmeckt dir das Wasser?" Dideldum schaute sich um, sah einen Riesen mit großen Hörnern vor sich, erschrak und rannte so weit ihn seine langen Beine trugen. „Bleib' doch bei mir!", rief das riesige Ding hinter ihm her. Doch Dideldum wollte nur weit weg und alleine sein. Zwischen den großen Tannen im Wald versteckte er sich. Die Nacht brach herein und der Mond schaute durch die Bäume. Er sah, wie Dideldum zusammengekauert unter einer Tanne saß und weinte. „Warum weinst du?", fragte der Mond. Dideldum flüsterte: „Ich glaube nicht mehr an das, was du gesagt hast. Ich werde bestimmt für immer alleine

bleiben und niemandem meine weiten Sprünge, meine guten Ohren und meine guten Augen zeigen können. Ich bin soooooo …" Dideldum konnte den Satz nicht zu Ende sprechen, denn er war so müde. Mit Tränen in den Augen schlief er ein. Am nächsten Morgen wurde er durch ein seltsames Kratzen direkt neben sich geweckt. Er öffnete seine Augen und sah jemanden, der genauso aussah wie er. Das unbekannte Wesen schaute ihn mit freundlichen Augen an, spitzte seine langen Ohren und sagte: „Darf ich bei dir bleiben? Ich bin ganz allein." Dideldum strahlte. Hatte er nun endlich jemanden gefunden, der zu ihm passte? „Sehr gerne kannst du bei mir bleiben", antwortete er. „Ich bin auch allein." Freudig sprangen sie nun gemeinsam mit riesengroßen Sprüngen in den tiefen Wald hinein. „Der Mond hatte Recht", dachte Dideldum. Mit Geduld und ganz viel Vertrauen werden manche Wünsche Wirklichkeit.

Frage: Wer war Dideldum und welche Tiere hat er im Wald getroffen?

Auswertungsvorschläge:
1. Die Tiere im Stoffbeutel werden erfühlt, der Geschichte zugeordnet und aussortiert.
2. Die Tiere aus der Geschichte werden gemalt.
3. Machen Sie einen gemeinsamen Waldspaziergang, bei dem die Kinder nach den Tieren Ausschau halten können.

Kreatives Gestalten

Kreatives aus Naturmaterialien

Zapfenzwerg

Materialien: Tannenzapfen, Eicheln, ein starker Kleber oder eine Klebepistole (Hinweis: Kinder sollten nicht mit dieser Klebepistole kleben. Diese Aufgabe muss die Erzieherin übernehmen!), ein Stück Filz, Filzstifte

Herstellung: Auf jeweils einen Tannenzapfen wird eine Eichel geklebt und auf diese mit den Stiften ein Gesicht gemalt. Der Zapfenzwerg erhält einen aus Filz gebastelten Hut.

Kastanienhirsch

Materialien: Kastanien, Eichelhüte, kleine Stöckchen, Heißkleber oder starker Kleber, Pinsel, eventuell Handbohrer, Plakafarbe

Herstellung: Zwei Kastanien werden aneinander geklebt. Die kleinen Naturstöckchen werden als Geweih und Füße angeklebt oder in das mit einem Handbohrer vorgebohrte Loch gesteckt. Ein Eichelhut ist die Schnauze und wird vorne an die Kastanie geklebt. Mit Plakafarbe können die Augen aufgemalt werden.

Kastanienigel

Materialien: flache Kastanien, Zahnstocher, Plakafarbe, Pinsel

Herstellung: Die Zahnstocher werden so in die Kastanie gesteckt, dass die Flachseite auf den Boden gelegt werden kann. Mit Plakafarbe kann ein Gesicht gemalt werden.

Steinkäfer

Materialien: viele verschieden glatte und runde Steine, Plakafarbe, Pinsel

Herstellung: Steine werden mit Plakafarbe als Käfer bemalt.

Segelschiff

Materialien: halbe Walnussschalen, kleine Stöckchen, Filzreste, Heißkleber oder starker Kleber

Herstellung: Mit dem Kleber wird das Stöckchen in die Schale geklebt. Daran befestigt man ein Stück Filz als Segel.

Freies Arbeiten mit Naturmaterialien

Den Kindern wird eine große Auswahl an Blättern, Eicheln, Kastanien, Stöckchen, Wollfäden und anderen Hilfsmittel wie Klebstoff, Handbohrer usw. zur Verfügung gestellt. Daraus können sie Mandalas legen, Ketten aufziehen, Tiere oder Fantasiefiguren kreieren.

Spielgeschichte

Der Zapfenzwerg

Wenn Sie mit den Kindern die auf den Seiten 46/47 beschriebenen Basteleien mit Kastanien gemacht haben, können Sie diese gut in der folgenden Geschichte einsetzen.

Materialien: Je ein Stück weißer, grüner, brauner und blauer Stoff, Stoffmalfarbe, zwei Stühle, eine Lampe, Figuren aus den Naturmaterialien (s. Seiten 46/47), ein kleiner Korb (darin sind die Figuren aufbewahrt), für jedes Kind ein Sitzkissen oder eine Matte.

Vorbereitung: Auf den weißen Stoff wird mit Stoffmalfarbe eine Waldlandschaft gemalt. Zwei Stühle werden zusammengestellt. Das Tuch wird über die Stuhllehnen gehängt. Auf dem Stuhl liegt ein grünes Tuch. Es symbolisiert die Wiese. Das braune Tuch wird zu einem Berg zusammengekugelt und auf den anderen Stuhl gelegt. Ein breites blaues Tuch wird als Fluß über die Stühle gelegt. Im Nu ist eine kleine Stuhlbühne entstanden. Die Erzieherin hockt sich neben die Bühne und spielt das kleine Theaterstück. Die Figuren werden hinter der Stuhlbühne aufbewahrt. Ein kleiner Zapfenzwerg liegt versteckt unter dem Tuchberg.

Einstieg: Die Kinder setzen sich im Halbkreis vor die Stuhlbühne auf ihre Sitzkissen. Die Erzieherin lädt sie ins Stuhltheater ein. Um eine gemütliche Theateratmosphäre zu schaffen, wird der Raum verdunkelt, und die Bühne mit einer Lampe angestrahlt. Dann wird die Versgeschichte erzählt und gleichzeitig mit den Figuren gespielt. Dabei wird immer die entsprechende Figur hervor geholt und auf die Stuhlbühne gestellt.

48

Vorm Tannenwald, da ist ein Berg,
darin wohnt ein Zapfenzwerg.
Wenn die Sonne dann erwacht,
der Zwerg einen Spaziergang macht.

Aus dem Tuchberg einen Zapfenzwerg holen

Er kommt hervor aus seinem Berg,
er ist ein sehr, sehr kleiner Zwerg.
Er schaut sich um, kann nichts entdecken,
läuft los und will die andern wecken.

einen Kastanienhirsch hervorholen

Er trifft den Hirsch, der kommt daher,
der Zapfenzwerg, der freut sich sehr.
Er wohnt im Wald, dort, wo die Hasen
im grünen Gras ganz furchtlos grasen.

einen Kastanienigel hervorholen

Ein Igel ist auch aufgewacht
hat schlecht geschlafen heute Nacht.
Er schaut sich um, auch er bleibt stehn,
denn hier, da ist es wirklich schön.

ein Nußschalenschiff hervorholen

Ein Segelschiff kommt leis' daher,
und segelt weiter in das Meer.
Der Hirsch, der Igel und der Zwerg,
sie setzen sich dann vor den Berg.
Sie sitzen da und schaun in Ruh'

einen Steinkäfer hervorholen

dem Käfer dann beim Krabbeln zu.
Der Tag vergeht und unsere vier,
die bleiben heute Nacht nicht hier.

den Kastanienhirsch entfernen
den Steinkäfer entfernen
den Igel entfernen
den Zwerg wegnehmen
die Lampe ausschalten

Der Hirsch verschwindet in dem Wald
und auch der Käfer folgt ihm bald.
Der Igel läuft hinter den Berg,
dorthin verschwindet auch der Zwerg.
Dunkel wird es und ganz still,
weil jeder jetzt gern schlafen will.

die Lampe wieder einschalten

Doch bricht der Tag von neuem an,
fängt das Spiel von vorne an.

Hinweis: Das kleine Stück kann mehrmals gespielt werden. Jetzt werden die Kinder als Spieler eingesetzt.

Wald *Tage*

Bewegungs-
angebot

Trimm dich im Wald

Hinweis: Diese Bewegungsstunde lässt sich gut im Wald durchführen. Es wird ein Trimm-dich-Pfad ausgesucht, der den Kindern viele Kletter-, Balancier- und Springmöglichkeiten bietet. Sollte es schwierig sein, dieses Angebot in der Umgebung zu finden, so kann auch im Keller mit etwas Fantasie ein Trimm-dich-Pfad errichtet werden. Die Kinder können gleichzeitig an den einzelnen Geräten turnen.

Fangen im Wald
Die Kinder bewegen sich zwischen den Bäumen. Wird das Wort „Baum" gerufen, so laufen sie zu einem Baum. Ein Baum darf nie von zwei Kindern „besetzt" sein.

Variationen: Alle laufen zu einem bestimmten Baum, der vorher benannt wird.
Die Laufart wird verändert (auf einem Bein hüpfen, wie ein Hase laufen, krabbeln usw.).

Für den Bewegungsraum: Als Bäume werden Turnstäbe aufgestellt.

Über Baumstämme balancieren
vorwärts, seitwärts, krabbeln

Variation:
Für den Bewegungsraum: Turnbänke aufstellen

Über schmale Bäche springen
Über Baumstämme springen.

Variation:
Für den Bewegungsraum: Mit Hilfe von Seilen einen „Bachlauf" legen.

Variationen:	**Von Stein zu Stein hüpfen** Von Baum zu Baum oder von Baumstumpf zu Baumstumpf hüpfen. Beine beim Hüpfen wechseln, danach mit geschlossenen Beinen hüpfen.
Für den Bewegungsraum:	Mit Hilfe kleiner Sitzmatten einen Hüpfweg legen.
	So flink wie ein Reh Die Kinder rennen zu zweit (zu dritt, zu viert, gemeinsam) eine festgelegte Waldwegstrecke um die Wette.
Für den Bewegungsraum:	Sie laufen von einer Wand zur anderen.
	Tannenzapfenweitwurf
Variation:	Die Kinder werfen Tannenzapfen z.B. auf einen kleinen Baumstumpf, der irgendwo im Wald steht.
Für den Bewegungsraum:	Sie werfen gemeinsam auf ein Ziel und in eine bestimmte Richtung.

Hinweis: Die Trimm-dich-Spiele können durch Vorschläge der Kinder beliebig erweitert oder variiert werden.

Zum Schluss trinken alle gemeinsam zur Stärkung einen erfrischenden Saft mit Beeren aus dem Wald, z.B. Himbeersaft.

Klanggeschichte

Hermann und Tusnelda

Materialien: eine große Auswahl an Orff-Instrumenten, ein Bild (Kalenderbild) von einem Wald, mehrere Faltblätter, für jedes Kind ein Sitzkissen für den Sitzkreis, Malpapier, Stifte, für jedes Kind eine harte Malunterlage (Holzbrett)

Spielanleitung: Mit Orff-Instrumenten werden Hermann und Tusnelda, die Menschen, die in den Wald gehen, der Wind, der Regen, die Sonne, der Donner, der Blitz, der Baumdoktor, die Waldtiere, das Blätterkleid, das Knacken und Knistern der Äste verklanglicht. Ebenso werden Handlungen und Stimmungen mit den Instrumenten dargestellt.

Ablauf: Das Waldbild wird auf den Boden gelegt und mit vielen kleinen Faltbildern abgedeckt. Die Kinder können nacheinander die Blätter entfernen und dabei das Bildmotiv erraten. In einem anschließenden Gespräch können die Kinder alles zusammentragen, was sie über den Wald wissen.
Die Erzieherin weist darauf hin, dass in diesem Wald zwei besondere Bäume stehen und erzählt die folgende Geschichte. Danach werden die Orff-Instrumente besprochen und nach einer Experimentierphase werden den Kindern die Instrumente zugeteilt.

Am Rande eines Waldes stehen zwei große Bäume. Der eine ist groß und dick, hat einen runzligen Stamm und knorrige Äste und Zweige. Er trägt eine dichtes Blätterkleid und heißt Hermann. Der andere Baum ist klein und dünn, hat eine glatte Rinde, schlanke Äste und Zweige, ebenfalls ein dichtes Blätterkleid und heißt Tusnelda. Die beiden Bäume sind ein beliebtes Ausflugsziel. Viele Menschen kommen hierher, um Hermann und Tusnelda zu betrachten und zu bestaunen. Hermann und Tusnelda stehen schon seit Jahren hier. Sie sind unzertrennlich, denn zwei ihrer Äste haben sich so miteinander verzweigt, dass sie nicht mehr zu trennen sind. Hermann und Tusnelda lassen sich gerne bestaunen. Je mehr sie bewundert werden, umso breiter wird ihr Blätterkleid.

Klanggeschichte

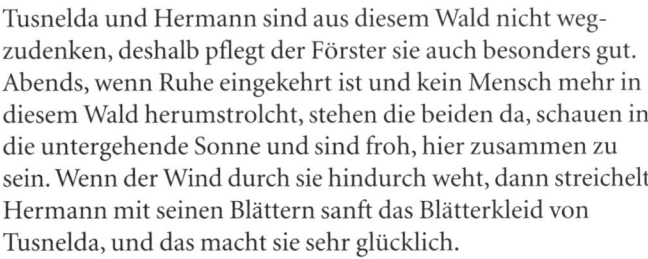

Tusnelda und Hermann sind aus diesem Wald nicht wegzudenken, deshalb pflegt der Förster sie auch besonders gut. Abends, wenn Ruhe eingekehrt ist und kein Mensch mehr in diesem Wald herumstrolcht, stehen die beiden da, schauen in die untergehende Sonne und sind froh, hier zusammen zu sein. Wenn der Wind durch sie hindurch weht, dann streichelt Hermann mit seinen Blättern sanft das Blätterkleid von Tusnelda, und das macht sie sehr glücklich.

So vergehen die Tage und Hermann und Tusnelda sind immer füreinander da. Gemeinsam erleben sie die Sonne und in ihren Strahlen breiten sie sich aus. Sie erleben aber auch Regen und Sturm. Dann halten sie sich mit ihren Ästen gegenseitig fest. Nachts, wenn der Mond sein Licht in den Wald schickt, träumen sie gemeinsam, und Tusnelda schmiegt sich zufrieden an Hermann.

Doch eines Nachts verändert ein starkes Gewitter ihr schönes Leben. Donnerschläge erschüttern den Wald und starke Blitze schnell wie Pfeile zischen vor und hinter ihnen in den feuchten Waldboden. Tusnelda ist sehr ängstlich. Der Sturm zerzaust ihr schönes Kleid und Tusnelda sucht Halt bei Hermann. Ein Blitz nach dem anderen saust zu Boden, und ein Donnerschlag folgt auf den nächsten. Das Gewitter will kein Ende nehmen. Plötzlich zischt es und Hermann wird von einem Blitzschlag getroffen. Ein Blitz, so stark wie ein Stromschlag, fährt durch seinen Stamm und zerreißt ihn in zwei Teile. Er reißt Hermann und Tusnelda von einem Moment zum anderen auseinander. Ein Teil von Hermann kann sich nicht mehr halten und fällt mit einem lauten Knistern und Knacken zu Boden.

Oh weh, jetzt steht Tusnelda allein da und ist dem Regen, dem Sturm, dem Donner und den Blitzschlägen schutzlos ausgesetzt. Die ganze Nacht stürmt und regnet es und erst gegen Morgen zieht das Unwetter weiter. Als am anderen Morgen der Förster in den Wald kommt, ist er sprachlos, als

er sieht, was mit Hermann geschehen ist. Sofort holt er Hilfe. Ein Baumdoktor kommt und Hermann wird mit viel Liebe verbunden. Es ist eine harte Arbeit und nach vielen Stunden steht Hermann, von Stöcken gehalten, wieder aufrecht neben Tusnelda. Sie ist sehr besorgt um Hermann.
In den nächsten Tagen kommen viele Menschen, um die beiden zu trösten und ihnen Mut zuzusprechen. Sie legen Blumen vor seinen Stamm, streicheln ihn und wünschen ihm gute Besserung. Auch Tusnelda verwöhnt ihn. Wenn der Wind durch ihr Blätterkleid fährt, streichelt sie ihn zärtlich. Sie wünscht sich so sehr, dass Hermann wieder gesund wird. Die Sonne kommt nun jeden Tag. Mit ihren Strahlen schickt sie ihm Wärme und der Regen schickt ihm frisches Wasser, um seinen Durst zu stillen. Auch die Waldtiere besuchen Hermann täglich. Sogar der Sturm macht einen Umweg. Er fegt in der nächsten Zeit nicht durch diesen Wald. Er will Hermann nicht wieder verletzen. Sein Heulen ist nur von weitem zu hören. So vergeht einige Zeit und Hermann fühlt sich jeden Tag kräftiger. Er weiß, dass er wieder gesund werden wird.
Eines Tages kommt der Förster mit dem Baumdoktor. Er betrachtet Hermann von allen Seiten und sagt dann:
„Ich glaube, Hermann hat es geschafft. Wir können seine Verbände abnehmen." Sie erlösen ihn von den Stöcken und Verbänden und bleiben gespannt stehen. Hermann fühlt sich wieder gesund. Er streckt seine Äste und Zweige nach allen Seiten aus und dreht sein Blätterkleid hin und her. Er hat wieder Kraft. Tusnelda ist sehr froh, dass Hermann wieder prachtvoll neben ihr steht.
Am Abend, als der Mond den Wald erhellt und der Wind leise durch die Bäume säuselt, legt Hermann leicht einen Ast um Tusnelda, denn er ist froh. Alles ist wieder so wie früher. Nur eine Narbe, die lang durch seinen dicken Stamm geht, erinnert noch an das schreckliche Gewitter.

Auswertung: Die Kinder malen ein Bild von Hermann und Tusnelda.

Lied

Ein Männlein steht im Walde

Einstieg: Bilderrätsel
Die Erzieherin malt auf ein Blatt Papier einen Pilz. Während sie malt, versuchen die Kinder, das Motiv zu erraten. Danach können sie in einem Gespräch all das zusammentragen, was sie über Pilze wissen. Anschließend wird das Lied zusammen gesungen und gespielt.

Ein Männlein steht im Walde,
ganz still und stumm,
es hat von lauter Purpur ein Mäntlein um.
Sag, wer mag das Männlein sein,
das da steht im Wald allein,
mit dem purpurroten Mäntelein.

Ein Männlein steht im Walde
auf einem Bein
und hat auf seinem Haupte
schwarz Käpplein klein.
Sag, wer mag das Männlein sein,
das da steht im Wald allein,
mit dem kleinen schwarzen Käppelein.

Dieses Lied kann von den Kindern gespielt und mit Orff-Instrumenten oder Waldrasseln (mit Waldschätzen gefüllte Dosen) begleitet werden.

Fingerspiel

Zwischen dicken hohen Bäumen

Zwischen dicken hohen Bäumen
liegen fünf Rehe ganz still und träumen.
Sie träumen viele schöne Geschichten,
von denen sie morgens freudig berichten.
Kommt dann die Sonne und wärmt sie ganz sacht,
dann ist vorbei die lange Nacht.

Mit beiden Händen einen Baum zeigen.
Rechte Hand zur Faust ballen.

Die Finger der linken Hand spreizen und über die geballte Faust halten.

Das erste wird wach, es reckt sich sodann
und fängt gleich zu erzählen an.

Daumen der rechten Hand strecken, wackeln, zappeln.

Es war im Traum ein Zottelbär,
sprang munter immer hin und her.

Mit dem Daumen hin- und herspringen.

Das zweite Reh, es saß im Traum

Zeigefinger der rechten Hand strecken.

auf einem riesengroßen Baum.

Die linke Hand hoch halten.

Unter ihm im wilden Bach

Mit der rechten Hand Wellenbewegungen machen.
Mit der linken Hand Zickzack-Bewegungen machen.

schwamm ein Fisch, ihm schaute es nach.

Erschrocken schauen und den Mittelfinger der rechten Hand strecken.	Das dritte Reh erschreckt sich sehr, wer lief im Traum hinter ihm her?
Die linke Hand vor die Stirn legen und hin- und herschauen.	Niemand ist da, o welch ein Glück, der Traum, er kehrt nicht mehr zurück.
Ringfinger der rechten Hand strecken.	Das vierte Reh, es wird jetzt wach, denkt über seinen Traum noch nach.
Mit dem Ringfinger auf der anderen Hand Springbewegungen machen.	Es sprang vergnügt im Sonnenschein über Stock und über Stein.
Den Zeigefinger der rechten Hand an den Mund legen. Kleiner Finger bleibt gebeugt.	Das fünfte Reh, psst, seid schön still, weil es noch etwas träumen will.
Die Finger der linken Hand kitzeln den kleinen Finger der rechten Hand.	Die Sonne kitzelt es ganz sacht, da ist es endlich aufgewacht.
Den kleinen Finger langsam strecken.	Es reckt und streckt sich, kommt zu mir, was es geträumt, erzähl ich dir. Jetzt hör gut zu, ich fange dann
Etwas ins Ohr des Nachbarn flüstern.	ganz leise zu erzählen an.
Die Finger der linken Hand stoßen die fünf „Rehfinger" an.	Die Sonne geht, die Nacht bricht an, da klopfen die Träume wieder an. Die Rehe legen sich zur Ruh'
Finger der rechten Hand zur Faust ballen.	und machen ihre Augen zu.

Wald Tage

Reim

Jeder hat auf dieser Welt, 'ne Höhle, wo es ihm gefällt

Material: ein Stoffbeutel, kleine Spieltiere wie Vogel, Hund, Kaninchen, Schnecke, Bär, Playmobilfiguren, Bilder mit Motiven von verschiedenen Behausungen: Nest, Hundehütte, Bau, Schneckenhaus, Höhle, Haus

Einstieg: Die Bilder, die verschiedene Höhlen, Nester oder Behausungen zeigen, werden in die Kreismitte gelegt. Sie motivieren zu einem Gespräch. Danach greifen die Kinder reihum in den Stoffbeutel mit den verschiedenen Fühlteilen, holen ein Tier oder eine Playmobilfigur heraus und ordnen ihr eine der Behausungen, die auf den Motivkarten zu sehen ist, zu. Zum Schluss trägt die Erzieherin die Reimgeschichte vor.

Jeder hat auf dieser Welt,
'ne Höhle, wo es ihm gefällt.

Ein Vogel hat ein Vogelhaus,
dort ruht er sich vom Fliegen aus.
Hier ist es warm und kuschelweich,
das Nest, das ist sein eignes Reich.

Ein Hund, der hat ein Hundehaus,
dort ruht er sich vom Jagen aus.
Hier ist es warm und kuschelweich,
die Hütte ist sein eignes Reich.

Auch das Kaninchen hat ein Haus,
dort ruht es sich vom Hoppeln aus.
Hier ist es warm und kuschelweich,
der Bau, der ist sein eignes Reich.

Die Schnecke wohnt im Schneckenhaus,
dort ruht sie sich vom Kriechen aus.
Hier ist es warm und kuschelweich,
das Haus, das ist ihr eignes Reich.

Der Bär, der wohnt im Bärenhaus,
dort ruht er sich vom Klettern aus.
Hier ist es warm und kuschelweich,
die Höhle ist sein eigenes Reich.

Der Mensch, er wohnt in einem Haus,
dort ruht er sich von der Arbeit aus.
Hier ist es warm und kuschelweich,
das Haus, das ist sein eignes Reich.

Freispielangebot: Die Erzieherin stellt einen sehr großen Karton, Fingerfarbe und Malkittel bereit. Gemeinsam bemalen sie die Kartonhöhle, in die die Erzieherin ein Loch schneidet. So haben die Kinder eine Höhle, in die sie sich zurückziehen können.

Höhlen *Tage*

Klang-
geschichte

Der Streit um die Höhle im Baum

Material: eine Auswahl an Orff-Instrumenten wie Klangstäbe, Glocken, Tamburin und Besen, Rasseln, Triangel, ein großer Bogen weißer Fotokarton, dicke Filzstifte, ein großes Tuch, ruhige Instrumentalmusik, ein CD-Spieler

Einstieg: Die Kinder sitzen im Kreis. Die Instrumente liegen griffbereit in der Kreismitte und sind mit einem Tuch abgedeckt. Die Erzieherin stellt den CD-Spieler an; es ertönt leise ruhige Instrumentalmusik. Sie malt auf die weiße Pappe den Umriss eines dicken Baums. In seinem Stamm ist ein Loch. Das ist der Eingang zu einer Baumhöhle. Dieses Bild regt zu einem gemeinsamen Gespräch über die unterschiedlichen Baumhöhlenbewohner an. Danach erzählt die Erzieherin folgende Geschichte.

Im Stamm einer dicken, alten Eiche befindet sich schon seit vielen Jahren eine Höhle. Viele Winter lang ist sie die Wohnung einer Eichhörnchenfamilie gewesen, doch in diesem Jahr, da steht die Baumhöhle leer. Wo die Eichhörnchenfamilie geblieben ist, das weiß niemand. Aber an einem eiskalten Tag, als der Wind über die Felder fegt (Handtrommel und Besen) und der Regen auf die Erde niederprasselt (Rassel), macht sich eine Igelfamilie auf, um Ausschau nach einer wetterfesten Wohnung zu halten (Klangstäbe).

Ihr Blätterhaus ist ihnen zu feucht und an allen Ecken zieht es herein. Deshalb haben sie sich auf den Weg gemacht, um für den Winter, der bald kommen wird, eine bessere Unterkunft zu finden. Zuversichtlich trippeln Vater, Mutter und drei Igelkinder hintereinander her (Klangstäbe). Sie haben sich für ihren Erkundungsspaziergang aber leider einen sehr schlechten Tag ausgesucht, denn der Wind fegt immer heftiger über die Wiesen und Felder (Handtrommel mit Besen) und der Regen prasselt noch stärker auf die Erde (Rasseln). Doch die Igelfamilie ist nicht allein auf der Suche nach einer neuen Wohnung. Auch Familie Wühlmaus ist unterwegs, um nach einer neuen Wohnung Ausschau zu halten (einzelne Glockentöne). Ihre Wohnung ist zu klein, denn sie haben viel Nachwuchs bekommen, und sie brauchen dringend eine neue Wohnung, bevor der Winter kommt. So trippeln Vater, Mutter und fünf Mäusekinder (einzelne Glockentöne) durch Regen (Rasseln) und Wind (Handtrommel und Besen) und halten Ausschau nach einer geeigneten Wohnung. Ohne voneinander zu wissen, trippeln die Igelfamilie (Klangstäbe) und die Mäusefamilie (Glockentöne) durch Regen (Rasseln) und Wind (Handtrommeln und Besen) auf der Suche nach einem neuen Quartier. Fast zur selben Zeit entdecken die beiden Familienväter die dicke Eiche und den Eingang zu der Höhle: „Wir sind am Ziel", ruft der Igelvater und trippelt allein weiter, um sich die Höhle anzuschauen (ein Paar Klangstäbe). Gerade als er im Höhleneingang verschwunden ist, ruft der Mäusevater: „Wir sind am Ziel." Auch er hat den Eingang entdeckt, läuft nun allein weiter (eine Glocke) und verschwindet auch im Baum.

Klanggeschichte

In der Höhle ist es so dunkel, dass sich Vater Igel und Vater Wühlmaus nicht sehen. Sie trippeln in der großen Baumhöhle hin und her (Glocke und Klangstäbe) und keiner bemerkt den anderen. Vater Igel und Vater Wühlmaus sehen und hören sich nicht (Glocke und Klangstäbe). Als sie jedoch gleichzeitig zum Ausgang der Höhle trippeln, stehen sie plötzlich voreinander. Vater Igel und Vater Wühlmaus schauen sich an und jeder weiß, worum es geht. Es geht um diese Wohnung. Jeder will diese neue Höhle für seine Familie haben und keiner will darauf verzichten. So entsteht ein heftiger Streit zwischen Vater Igel und Vater Wühlmaus (Klangstäbe und Glocke steigern ihren Rhythmus). Unterdessen haben sich Mutter Igel und Mutter Wühlmaus mit ihren Kindern vor der Höhle getroffen und sich sofort gut verstanden (restliche Klangstäbe und Glocken klingen langsam und harmonisch). Auch Mutter Igel und Mutter Wühlmaus haben sich über die neue Wohnung unterhalten (ein Paar Klangstäbe und eine Glocke langsam und ruhig) und sie sind sich einig: Sie wollen gemeinsam hier einziehen und den Platz in der großen Baumhöhle teilen. Während Vater Igel und Vater Wühlmaus noch streiten (ein Paar Klangstäbe und Glocke schnell und laut), spielen, lachen und scherzen die Mäusekinder gemeinsam mit den Igelkindern vor der Höhle (restliche Klangstäbe und Glocken) und Mutter Igel und Mutter Wühlmaus sitzen vor der Eiche in der Sonne (Triangel), die unterdessen den Regen und den Wind vertrieben hat. Dort

warten sie auf Vater Igel und Vater Wühlmaus. Nach einer langen Wartezeit kommen die zwei aus der Höhle und noch bevor sie etwas sagen können, rufen Mutter Wühlmaus und Mutter Igel: „Wir ziehen gemeinsam ein. Platz ist bestimmt für alle in der großen Höhle." Erstaunt schauen sich Vater Igel und Vater Wühlmaus an und dann trippeln alle (alle Instrumente werden gespielt) in ihre neue Wohnung. Nun ist die Höhle wieder bewohnt und Familie Wühlmaus und Familie Igel verbringen gemeinsam viele schöne Tage in ihrem neuen Zuhause.

Auswertung:

Im zweiten Teil des Angebotes wird die Decke von den Instrumenten genommen. Sie stehen nun für eine Experimentierphase zur Verfügung. Danach ordnen die Kinder die Instrumente den Handlungen und Tieren zu. Nun kann die Geschichte verklanglicht werden. Zum Schluss malen alle gemeinsam bei ruhiger Musik das Bild der Baumhöhle dem Inhalt der Geschichte entsprechend zu Ende.

Vers

Höhlen seh'n verschieden aus

Material: Bilder aus Illustrierten, in Bilderbüchern oder von Kalendern, auf denen Höhlen, Nester, Häuser und andere Behausungen zu sehen sind, Materialien zum Höhlenbau: viele Betttücher, Kartons, Decken, Matratzen, Tische usw., ruhige Musik und ein CD-Spieler, für jedes Kind eine Sitzmatte

Vorbereitung: Im Raum werden die Sitzmatten in Kreisform auf den Boden gelegt, die anderen Materialien stehen griffbereit.

Einstieg: Die Kinder sitzen im Kreis. Die Erzieherin stellt den Kindern ein Rätsel.

Was ist das?
Durch ein Loch gehst du hinein,
drinnen ist es eng und klein.
Die Wände, ja, die sind aus Stein,
und Licht kommt wenig nur hinein.
Willst du hier drinnen etwas seh'n,
musst du mit einer Lampe gehen.
Hier ist es dunkel, kalt und grau,
sag, wie heißt denn dieser Bau?
(Höhle)

Nachdem das Rätsel gelöst wurde, können die Kinder über Höhlenerlebnisse berichten. Danach werden gemeinsam die Bilder betrachtet und dabei wird über die unterschiedlichsten Höhlen gesprochen.
Nun trägt die Erzieherin folgenden Vers vor:

Höhlen seh'n verschieden aus,
jeder braucht ein Höhlenhaus.
Mensch und Tier fühlen sich geborgen,
vergessen dort all ihre Sorgen.

In der Höhle, in dem Bauch,
dort wächst ein Tier, ja und du auch.
Der Vogel wächst in einem Ei,
will er heraus, bricht es entzwei.

Im Nest oder dann auch im Bett,
findet es jedes Baby nett.
In dieser Höhle liegt man still,
weil man dort gerne ruhen will.

Ein Haus kann eine Höhle sein
für eine Schnecke, klitzeklein.
Im Iglu oder auch im Zelt,
verkriecht man sich vor dieser Welt.

Im Karton und unter Decken
kann man sich sehr gut verstecken.
Höhlen schützen Mensch und Tier,
jeder braucht sie, glaub es mir.

Auch der Samen kugelrund,
liegt in der Erde viele Stund'.
Ruht in der Höhle, ja und dann
fängt er allein zu wachsen an.

Aus Erde, Blättern oder Stein
kann solch eine Höhle sein.
Ob schmal, ob rund, ob lang, ob klein,
jeder kriecht dort gern hinein.

Versteckt sich hier und ruht sich aus,
die Höhle ist dann sein Zuhaus'.
Dort, da kann ihm nichts geschehn,
so eine Höhle, die ist schön.

Die Kinder bauen mit Hilfe von Tischen,
Matratzen, Kartons, Decken, Tüchern,
Kissen usw. eine Höhlenstadt.

Auswertung:

Geschichte

Die Höhlenkinder

Material: Tische, Decken, Wäscheklammern, für jedes Kind eine Taschenlampe, mehrere Kissen

Einstieg: Aus den Tischen und Decken bauen die Kinder eine große Höhle, in der alle Platz haben. Die Höhle wird mit den Kissen ausgelegt, und die folgende Geschichte kann erzählt werden.

Klaus, Peter und Moni sind richtig gute Freunde. Sie machen alles gemeinsam und sind durch nichts zu trennen. Tag für Tag, ja sogar am Sonntag, spielen sie das gleiche Spiel. Aus Kartons, Decken, großen Tüchern, Tischen, Stühlen und vielen anderen Dingen bauen sie Höhlen und sind dann die Höhlenkinder. Die drei kennen keine Langeweile. Ihnen fällt immer wieder etwas Neues ein und in ihren Höhlen fühlen sie sich so richtig wohl.

Klaus hat schon lange einen Traum. Er wünscht sich eine Höhle in dem großen, dicken Baum, der bei ihnen im Obstgarten steht. Sein Vater kennt den Wunsch und deshalb macht er sich seit ein paar Tagen jeden Abend, wenn Klaus schläft, still und leise an die Arbeit. Er baut für Klaus eine Baumhöhle. Am nächsten Wochenende hat Klaus Geburtstag und dann soll die Überraschung fertig sein.

Abend für Abend ist der Vater nun mit Sägen, Hämmern und Streichen beschäftigt. Damit es in der Baumhöhle so richtig kuschelig ist, näht die Mutter kunterbunte Kissenbezüge. Klaus bekommt von all diesen Dingen nichts mit. Die Tage vergehen und dann ist der Geburtstag da. Ganz früh, noch bevor sein Vater zur Arbeit geht, wird Klaus an diesem Morgen geweckt. Wie immer singen die Eltern das Geburtstagslied und führen das Geburtstagskind mit verbundenen Augen zu seinem Geburtstagsgeschenk. Im letzten Jahr wurde Klaus in den Holzschuppen geführt, wo für ihn ein Roller stand.

Doch in diesem Jahr ist der Überraschungsweg noch länger. Klaus wird von seinem Vater nach draußen geführt. Er sieht nichts, aber er spürt, dass er über eine noch feuchte Wiese geht. Er spürt Steine unter seinen Schuhen und dann wieder feuchtes Gras. Klaus ist sehr gespannt, wohin er geführt wird. Er ahnt nichts von der Überraschung. Seine Mutter geht auf leisen Sohlen hinterher. Endlich bleibt der Vater mit Klaus stehen und nimmt ihm die Augenbinde ab. Noch einmal singen seine Eltern das Geburtstagslied. Klaus traut seinen Augen nicht. Er steht vor einer Leiter, die in den dicken, großen Baum führt. Er schaut hoch und entdeckt im Blätterdickicht eine Baumhöhle. Schnell gibt er seinen Eltern einen Kuss und klettert die Leiter hoch zu seiner Höhle. Als Klaus oben angekommen ist, ruft er ganz laut: „Ich habe eine eigene Baumhöhle!", und dann ist er auch schon darin verschwunden. Die Mutter hat eine weitere Überraschung vorbereitet. Sie hat einen Frühstückskorb fertig gemacht und alle drei frühstücken nun in der Baumhöhle. Klaus strahlt und sagt: „Danke, das ist der schönste Geburtstag meines Lebens." Nach dem Frühstück rennt er zu Peter und Moni, um ihnen von der Überraschung zu erzählen. Kurz darauf kommen alle drei angelaufen und nun ist die Freude groß. Moni, Klaus und Peter spielen nun den ganzen Tag in der Baumhöhle. Als der Tag zu Ende geht, hat die Mutter noch eine Überraschung. Seine Freunde und er können heute in der Baumhöhle schlafen. Das ist natürlich ein besonders schöner Geburtstagsabschluss, und als es dunkel wird, schlafen die drei Höhlenkinder Klaus, Peter und Moni zufrieden ein.

Vorschlag: Vielleicht haben Sie auf Ihrem Spielplatz einen geeigneten Baum für eine Baumhöhle, die von ein paar Vätern gemeinsam gebaut werden kann.

Fingerspiel

Die klitzekleine Schnuppermaus

Die vier Finger einer Hand auf den Daumen legen. Die andere Hand quer über die „Mäusehand" legen, sodass die Spitze der Nase der Maus ein wenig herausschaut.
Die Mäusehand hin und her bewegen.
Mit den Armen eine große Sonne darstellen.

Die Finger im schnellen Rhythmus von den Daumen lösen.
Die Finger im schnellen Rhythmus vom Daumen lösen und den Arm hin und her bewegen.

Die andere Hand von der Mäusehand nehmen und mit den Fingern Krabbelbewegungen machen.
Die Finger schnell vom Daumen lösen und den Arm hin und her bewegen.

Mit den Fingern Krabbelbewegungen machen.

Mit der anderen Hand eine Maus darstellen.
Die andere Hand quer über die Mäusehand legen.
Die Mäusehand hin und her bewegen.
Mit den Armen eine Sonne darstellen.

Die klitzekleine Schnuppermaus,
die guckt aus ihrer Höhle raus.

Sie schaut hin und sie schaut her,
die warme Sonne mag sie sehr.

Sie schnuppert herrlich frische Luft,

sie schnuppert einen fremden Duft.

Die Schnuppermaus, sie trippelt los.

Was riecht sie da, was ist das bloß?

Sie krabbelt über Stock und Stein,
doch nun ist sie nicht mehr allein.

Eine andere Schnuppermaus,
guckt auch aus ihrer Höhle raus.

Sie schaut hin und sie schaut her,
die warme Sonne mag sie sehr.

Die Finger dieser Hand im Rhythmus schnell vom Daumen lösen.
Die Finger vom Daumen lösen und die Hand hin und her bewegen.
Mit den Fingern Krabbelbewegungen machen.

Die Finger schnell vom Daumen lösen und den Arm hin und her bewegen.
Die andere Hand von der Mäusehand nehmen und mit den Fingern Krabbelbewegungen machen.

Beide Hände stellen eine Maus dar.
Mit beiden Händen Krabbelbewegungen machen.
Mit beiden Händen die Krabbelbewegungen fortsetzen.

Die Hände auf den Rücken legen.

Sie schnuppert herrlich frische Luft,

sie schnuppert einen fremden Duft.

Die Schnuppermaus, sie trippelt los.

Was riecht sie da, was ist das bloß?

Sie krabbelt über Stock und Stein,

doch nun ist sie nicht mehr allein.

Eine andere Schnuppermaus,
sie trippelt auch geradeaus.

Nun trippeln sie vergnügt zu zwein
über Stock und über Stein.

Sie trippeln viele, viele Stunden,
doch plötzlich, da sind sie verschwunden.

Sie ruhn sich in der Höhle aus
und kommen morgen wieder raus.

Fantasiereise

Der Höhlensee

Material: Kassettenrekorder mit ruhiger Musik, einige Teelichter im Glas, Lampe, Streichhölzer, große Schale mit klarem Wasser (mit etwas Zucker gesüßt), ein blaues Dekorationstuch, ein Abdecktuch, eine Suppenkelle, eine mit Wasser gefüllte Pipette, für jedes Kind eine Decke, ein Kopfkissen und ein kleines Trinkglas (Schnapsglas)

Raumvorbereitung: Die Decken und Kissen liegen in Kreisform. Der Raum ist warm und verdunkelt. Die Lampe und die Teelichter geben ihm eine gemütliche Atmosphäre. In der Kreismitte liegt das blaue Tuch. Darauf steht die Schale mit Wasser. Das restliche Material steht griffbereit und ist mit einem Tuch abgedeckt.

Einführung: Die Kinder setzen sich auf die Decke und die Erzieherin erklärt ihnen, dass in der Schale ganz besonderes Wasser, nämlich Höhlenwasser, ist, und dass sie gleich mit ihnen in ihrer Fantasie eine Reise dorthin macht, wo sie das Wasser bekommen hat. Nun lauschen die Kinder für einige Minuten in die Stille hinein, schließen danach die Augen und versuchen, sich an die Ereignisse des heutigen Tages zu erinnern, an schöne Dinge, an unschöne Erlebnisse. Die unschönen Erlebnisse pusten sie kräftig aus ihrem Körper heraus. Damit machen sie Platz für eine schöne Fantasiereise. Danach legen sich die Kinder auf die Decke.
Die Erzieherin bittet sie, sich so hinzulegen, dass es für sie sehr bequem ist. Dann schließen die Kinder ihre Augen und lassen sich von ruhiger Musik in die Entspannung begleiten. Danach beginnt die Erzieherin mit der Fantasiereise.

Wenn du ganz bequem liegst, atme ruhig und gleichmäßig ein und aus.
Ich lade dich ein, jetzt mit mir eine ganz besondere Höhle zu besichtigen.
Vor uns war noch niemand in dieser Höhle.
Dort zeigt dir jemand etwas ganz besonders Schönes.
Stell dir einen hohen, einen ganz hohen Berg vor.
Schau ihn dir gut an, denn in diesen Berg gehen wir hinein.
Wir suchen gemeinsam den Höhleneingang.
Komm, wir gehen einmal um den ganzen Berg herum.
Jetzt haben wir den Eingang gefunden.
Wie stehen vor einem großen Loch, das in den Berg führt.

Es ist dunkel in dieser Höhle, nichts ist zu sehen.
Plötzlich siehst du in diesem dunklen Loch ein Licht.
Es ist ein ganz kleiner Lichtpunkt, der langsam näher kommt.
Es wird immer heller.
Mit einem Mal steht ein kleines Höhlenmännchen vor uns.
Es hat eine Laterne in der Hand.
Das Höhlenmännchen lacht freundlich und geht voran.
Wir gehen hinterher, immer tiefer in die Höhle hinein.
Die Laterne leuchtet so hell, dass die Dunkelheit verschwunden ist.
Es ist ganz still in der Höhle.
Nichts ist zu hören.
Auf leisen Sohlen gehen wir weiter.
Schau dich einmal um.
Was siehst du in der Höhle?
Das Männchen geht immer weiter und weiter.
Auf einmal hört man leises Tropfen, als ob Regentropfen in eine Pfütze fallen.
Das Höhlenmännchen bleibt stehen.
Auch wir bleiben stehen und sind sehr erstaunt.
Wir stehen vor einem großen See.
Das Wasser ist glasklar.
Schau einmal, oben von der Decke fallen Tropfen. Sie versorgen den See mit Wasser.
Kannst du in dem See etwas entdecken?
Bücke dich einmal und fühl das klare, kühle Wasser.
Das Höhlenmännchen holt ein kleines Glas, füllt es mit Wasser und lässt dich trinken.
Das Wasser schmeckt süß und es schenkt dir Kraft.

Fantasiereise

Bei jedem Schluck fühlst du dich kräftiger.
Du hast das Gefühl, als würdest du wachsen.
Nun füllt das Männchen eine Flasche mit diesem wunderbaren Wasser.
Da die Flasche schwer ist, trage ich sie zurück.
Dir schenkt das Männchen einen Tropfen von diesem kostbaren Wasser aus dem Höhlensee.
Spürst du ihn?

Die Erzieherin tropft nun jedem Kind mit der Pipette einen Tropfen Wasser auf die Stirn.

Bleib ganz still liegen und spüre diesen Wassertropfen aus dem klaren Höhlensee.
Lange bleiben wir an dem See und schauen ins Wasser.
Es ist still, nur das leise Tropfen ist zu hören.
Doch dann müssen wir wieder zurück, denn der Weg ins Freie ist weit.
Das Höhlenmännchen geht voran und führt uns sicher aus der Höhle hinaus.
Am Höhleneingang verabschiedet es sich und geht wieder zurück in den Berg.
Das Licht seiner Laterne wird langsam kleiner.
Wir bleiben so lange stehen, bis das Licht der Laterne im Dunkeln verschwunden ist.
Du drehst dich um, und nun ist auch der Berg verschwunden.
Du bist nun wieder in deiner Welt.

Kurze Pause.

Bewege langsam deine Finger, deine Hände, deine Arme, deine Zehen, deine Füße, deine Beine und deinen ganzen Körper. Reck und streck dich, gähne laut, öffne die Augen und setz dich hin. Die Reise ist beendet.

Schluss: Die Kinder können von ihren Erlebnissen und Fantasiebildern berichten. Nun füllt die Erzieherin für jedes Kind ein kleines Glas mit dem Höhlenseewasser. In aller Ruhe trinken sie das Wasser Schluck für Schluck. Ist das Glas leer, so bleiben sie noch eine kurze Zeit sitzen, um sich an den Höhlenspaziergang zu erinnern und um zu spüren, wie sie sich jetzt, nachdem sie das Höhlenwasser getrunken haben, fühlen. Leise verlassen danach alle den Raum.

Spiellied

In einer Höhle

Melodie: Jörg Schnieder
Text: Ingrid Biermann

Doch ist die Zwergenhöhle leer,
schleicht leis der schlaue Fuchs daher.
Er sieht die Höhle, kriecht hinein,
sie soll nun seine Wohnung sein.

Die Höhle, die ist sein Zuhaus,
dort ruht er sich am Tage aus.
Erst später, wenn der Mond erwacht,
der Fuchs sich auf den Weg dann macht.

Die Höhle, ja die steht jetzt leer,
ganz müde kommt der Zwerg daher.
Er sieht die Höhle, geht hinein,
sie soll jetzt seine Wohnung sein.

Die Höhle, die ist sein Zuhaus,
dort ruht er sich nun lange aus.
Doch seine Höhle, die ist klein,
dort lässt er niemanden herein.

Abschluss: (Alle Strophen können wiederholt werden.)

So geht es schon tagaus, tagein,
die zwei, die geh'n hier aus und ein.
Ja, niemals seh'n sich Fuchs und Zwerg
in dieser Höhle in dem Berg.

Auswertungsvorschlag: Das Lied eignet sich gut für ein kleines Darstellungsspiel mit Gesang. Aus Kartons, Kästen oder einer Leiter und einem großen Tuch wird eine Höhle gebaut. Ein Kind spielt den Zwerg, ein anderes den Fuchs.

Höhlen *Tage*

He Leute, heut' ist Karneval

Melodie: Jörg Schnieder
Text: Ingrid Biermann

1. Die ganze Welt schlägt Purzelbaum,
der Tag ist wie ein schöner Traum.
Die ganze Welt ist kunterbunt,
ja, heute geht es richtig rund.

Refrain:

He Leute, heut' ist Karneval,
drum feier mit, versuch's einmal.
Heut' wird getanzt und viel gelacht,
bis dann die Musik Pause macht.

2. Ja, Pippi Langstrumpf, Räuberbraut,
die sind sich heute sehr vertraut.
Auch Biene Maja, Micky Maus,
gehn heute auf die Straße raus.

Refrain:

He Leute, heut' ist Karneval …

3. König, Bettler und Piraten,
wollen auch nicht länger warten.
Sie tanzen alle wild umher,
sie mögen dieses Fest so sehr.

Refrain:

He Leute, heut' ist Karneval …

4. Schornsteinfeger, Rittersleute,
sieht man auf der Straße heute.
Ein jeder außer Rand und Band,
der zieht laut singend durch das Land.

Refrain:
He Leute, heut ist Karneval …

5. Kommt, fasst euch an und tanzt mit mir,
ich tanze gerne auch mit dir.
Wir wollen alle fröhlich sein,
und uns am Karneval erfreun.

Refrain:
He Leute, heut ist Karneval …

Fest- und
Motto Tage

Süße Spiele für ein Faschingsfest

Auf einem Faschingsfest darf auch mal nach Herzenslust genascht werden. Süßigkeiten ohne Zucker oder Vollkornprodukte, die mit Honig gesüßt sind, stellen dabei eine Alternative zu den herkömmlichen Süßigkeiten dar. Hier eine kleine Auswahl an süßen Spielen.

Plätzchen schnappen

Auf eine Schnur werden etliche Lochplätzchen aufgefädelt. Dann wird die Schnur in einer Höhe gespannt, die außerhalb der bequemen Reichweite der Kinder liegt. Nun müssen die Kinder, mit den Händen auf dem Rücken, nach einem Plätzchen schnappen. Erschwert wird das Spiel, indem ein Würfel eingesetzt wird. Das Kind, das die Zahl, die vorher ausgemacht wurde, gewürfelt hat, kann versuchen, Plätzchen zu schnappen. Währenddessen würfeln die anderen weiter. Ist die ausgemachte Zahl wieder gewürfelt, so darf das nächste Kind versuchen, so viel Plätzchen wie möglich zu schnappen und zu essen.

Der süße Tipp

Vorbereitung: Auf einen Teller wird ein Gummibärchen gelegt und darauf kommt ein kleiner Berg aus Sägemehl. Auf mehrere andere Teller wird nur Sägemehl geschüttet. Die Kinder wissen nicht, auf welchem der Teller mit Sägemehl das Gummibärchen liegt.

Spielablauf: In einer Reihe stehen mehrere Sägemehlteller. Die Erzieherin sagt, dass sich in einem Sägemehlberg ein kleines Gummibärchen versteckt habe. Nun kann immer ein Kind einen süßen Tipp abgeben, sich hinter einen Teller stellen und pusten. Hat es Glück, pustet es das Gummibärchen frei und darf es essen. Hat es kein Glück, sucht sich ein anderes Kind einen Teller aus und pustet. Wird das Gummibärchen schnell entdeckt, so wird ein neuer Teller mit einem Gummibärchen dazugestellt und die Reihenfolge der Teller verändert. (Die Kinder drehen sich für die neue Zusammenstellung der Teller kurz um.)

Minischokokuss-Wettessen
Auf mehreren Tellern liegt je ein Minischokokuss. Sie stehen auf der Erde oder auf einer Bank. Die Kinder stellen sich an einer Startlinie auf, laufen zu einem Teller, knien sich hin und essen ihn auf, ohne die Hände zu benutzen.

Der Kekskönig
In der Kreismitte liegen viele Butterkekse. Nacheinander würfelt ein Kind nach dem anderen mit einem Würfel. Die Zahl, die es gewürfelt hat, gibt die Menge der Kekse an, die es aufeinander legen darf. Wenn alle Kekse ausgewürfelt sind, kann verglichen werden, wer den höchsten Turm gebaut hat und somit Kekskönig oder Kekskönigin ist.

Schokotalertausendfüßler
Jedes Kind bekommt die gleiche Menge (etwa 10 bis 15) Schokotaler (Smarties) und legt damit einen bunten Tausendfüßler. Nun kann gewürfelt werden. Die Augenzahl gibt an, wie viele Smarties aufgegessen werden dürfen. Wer hat seinen Tausendfüßler zuerst vernascht?

Bonbonzielwurf
Jedes Kind bekommt eine Anzahl eingepackter Bonbons und muss diese von einer Wurflinie aus in einen kleinen Eimer werfen. Die Bonbons, die in den Eimer fallen, kann das Kind behalten. Die, die daneben fallen, werden neu verteilt.

Die süße Ballondusche
In Luftballons werden unterschiedliche Materialien gefüllt wie: Blätter, Papierschnipsel und zum Teil auch ein paar kleine, verpackte Süßigkeitenteile. Die Ballons werden aufgeblasen, zugeknotet, an eine Schnur gehängt und mit Zahlen von 1 bis 6 versehen. Jede Zahl ist dabei mehrfach vorhanden. Ein Kind nach dem anderen darf nun würfeln und einen Ballon mit der gewürfelten Zahl mit einer Nadel zerstechen. Sind Süßigkeiten im Ballon, so kann es diese behalten.

Tänze

Spaßige Tänze für ein fröhliches Faschingsfest

Vorbereitung: Gestalten Sie gemeinsam mit den Kindern einen Raum, z. B. den Gymnastikraum, zu einer Kinder-Disco um. Die folgenden Tanzspiele sorgen für ausgelassene Stimmung und machen allen Kindern viel Spaß.

Luftballontanz
Jedes Tanzpaar bekommt einen Luftballon. Er wird mit dem Bauch zwischen den beiden Tanzpartnern festgehalten. Die Hände liegen auf dem Rücken. Nun wird nach Musik getanzt. Das Paar, welches den Ball verliert, macht eine Tanzpause.

Variation: Ein Ballon wird zwischen die Köpfe oder zwischen die Rücken geklemmt.

Zeitungstanz
Die Kinder stehen paarweise auf einer großen Zeitungsdoppelseite. Nach Musik bewegen sie sich auf der Zeitung. Hört die Musik auf, wird die Zeitung ein Stück kleiner gefaltet. Das wird möglichst oft wiederholt. Dabei müssen die Paare immer enger zusammen tanzen und halten sich schließlich in einer Art Klammertanz aneinander fest.

Räuberhuttanz

Die Kinder tanzen allein oder paarweise. Ein Kind hat einen Hut auf dem Kopf. Während die Musik spielt, wird der Hut einem anderen Kind auf den Kopf gesetzt usw. Hört die Musik auf, scheidet das Kind oder das Paar aus, welches im Besitz des Hutes ist, und macht eine Tanzpause.

Variation: Eine Glocke oder ein mit Wasser gefüllter Luftballon wird weitergegeben.

Wäscheklammertanz

Die Kinder tanzen allein oder paarweise. Dabei versuchen sie, einem anderen Kind oder Paar eine Wäscheklammer anzuheften. Die Musik wird zwischenzeitlich abgestellt. Wer die Klammer in diesem Augenblick hat, macht eine Tanzpause.

Zaubertanz

Die Kinder tanzen nach Musik und machen dabei die wildesten Verrenkungen. Wird sie abgestellt, so bleiben alle wie versteinert stehen. Erst wenn die Musik wieder spielt, dürfen sie sich wieder bewegen und können weitertanzen.

Schattentanz

Die Kinder stehen paarweise voreinander. Jeweils ein Kind gibt die Tanzbewegungen vor, das andere macht sie möglichst genau nach. Zunächst wird sehr langsame Musik gespielt, nach und nach kann das Tempo aber gesteigert werden.

Variation: Ein Kind macht für alle die Bewegungen vor. Die anderen tanzen sie nach.

Spiel-
geschichte

Die kleine Hexe Hinkebein

Hinweis: Die Erzieherin liest den Text einmal vor, dann wird die Hexe Hinkebein bestimmt, die beim zweiten Vorlesen den ersten Teil pantomimisch mitspielt. Im zweiten Textteil spielen dann alle anderen Kinder auch mit und fliegen auf ihren Besen durch den Raum.

Material: für jedes Kind ein Stock oder Stab

Einstieg: Die Kinder sitzen im Kreis und die Erzieherin stellt ihnen das folgende Rätsel.

Wer ist das?
Es kichert, kreischt und lacht ein Wesen
und fliegt auf einem langen Besen
durch die pechschwarze Nacht,
weil ihr das sehr viel Freude macht.
Ein Rabe, der fliegt immer mit,
begleitet es auf Schritt und Tritt.
Es wohnt in einem kleinen Haus
und schaut dort aus dem Fenster raus.
Es zaubert auch so manche Sachen,
es kann auch böse Streiche machen.
Sage mir, wenn du es weißt,
wie dieses Wesen heißt.

Danach stellt die Erzieherin mit der Geschichte die kleine Hexe Hinkebein vor.

Die kleine Hexe Hinkebein,
die wohnt im Wald so ganz allein.
Morgens, wenn der Tag erwacht
und warm die helle Sonne lacht.
dann springt die Hexe aus dem Bett,
schaut in den Spiegel, lacht ganz nett.
Sie zieht sich an, geht in den Keller,
bei jedem Schritt, da wird sie schneller.
Sie rennt ganz frisch und auch ganz munter
die 99 Stufen runter,
holt ihren Besen und geschwind
fliegt sie durch den Morgenwind.
Sie fliegt dann über Berg und Tal
aus Spaß macht sie es noch einmal.
Sie fliegt auch über Stock und Stein,
die Hexe, die fliegt nicht allein.
Viele unbekannte Wesen,
fliegen auch auf ihrem Besen.

Nun fliegt die Hexe Hinkebein,
ihren Weg nicht mehr allein.
Sie fliegen hin, sie fliegen her,
sie fliegen kreuz und auch mal quer.
Heut sieht man an dem Sonnenhimmel
ein ganz kunterbunt' Gewimmel.
Am Abend fliegen sie nach Haus,
und ruhn' sich von der Reise aus.
Hinkebein liegt müd im Bett,
sagt leis': „Das Fliegen war heut' nett."

Auswertung: Die Kinder stellen aus den Stöcken und dem Reisig Hexenbesen her. Die Besen werden mit Stoff- und Papierstreifen verziert. Dann wird nach der Melodie des Liedes „Zeigt her eure Füße" das folgende Hexenlied gesungen, und alle tanzen mit ihren Hexenbesen dazu.

Zeigt her eure Besen und schaut euch mal an,
was so eine kleine Hexe damit alles kann.
Sie fliegt, sie fliegt, sie fliegt schnell hin und her,
sie fliegt, sie fliegt, das Fliegen mag sie sehr.

Mitmachgeschichte

Das Tanzmariechen

Spielhinweis: Bei dem Wort Tanzmariechen stehen alle Kinder auf und drehen sich einmal im Kreis.

Christine freut sich jedes Jahr auf Karneval, denn dann sieht sie im Fernsehen die Tanzmariechen. Sie ist begeistert von ihnen und bewundert sie. Niemand kann so schön springen, sich drehen oder auf den Spitzen tanzen wie die Tanzmariechen. Schon lange weiß Christine, dass auch sie einmal ein Tanzmariechen werden will. Das wird jedoch noch ein paar Jahre dauern, denn jetzt ist sie noch viel zu klein. Oft sitzt sie da und träumt davon, ein wunderschönes Tanzmariechen zu sein. Eines Nachts, nachdem Christine wieder einmal die Tanzmariechen im Fernsehen beobachtet hat, hat sie einen wunderschönen Traum: Sie ist ein Tanzmariechen und tanzt zusammen mit vielen anderen auf einer großen Bühne. Sie tanzt auf den Spitzen und dreht sich im Kreis wie eine Ballerina. Dabei wird sie von vielen bunt verkleideten Menschen bejubelt. Sie klatschen begeistert und Christine muss immer wieder tanzen. Sie fühlt sich wundervoll. Sie ist so glücklich, dass sie ihr ganzes Leben nur noch tanzen möchte. Die Menschen lassen Ballons knallen und von dem Krach wird sie wach. Christine öffnet die Augen und schaut verwirrt um sich. Alles war nur ein Traum. Sie liegt wie immer in ihrem Bett und nichts von dem, was sie geträumt hat, ist wahr. Am Morgen steht Christine wie jeden Tag auf und geht in den Kindergarten. Dort bereiten sie schon seit einigen Tagen ihr Karnevalsfest vor. Zusammen mit den anderen Kindern bastelt Christine Hüte, Masken, malt Luftballons an, hört schöne Geschichten und singt lustige Lieder. Als sie am Mittag nach Hause kommt, macht

ihre Mutter mit strahlendem Gesicht die Haustür auf. Sie nimmt sie an die Hand und führt Christine in ihr Zimmer. Nun muss Christine die Augen schließen und bis drei zählen. Ganz langsam zählt sie: „Eins, zwei, drei", und dann öffnet sie die Augen. Freudestrahlend umarmt sie ihre Mutter und ruft: „Hurra, ich habe ein Tanzmariechen-Kostüm." Christine möchte das Kostüm natürlich sofort anprobieren. Es passt wie angegossen. Stolz betrachtet sie sich im Spiegel. Sie dreht und wendet sich nach allen Seiten und findet sich wunderschön. An diesem Nachmittag zieht Christine sich nicht mehr um. Sie spielt nun bis zum Abend Tanzmariechen, dreht sich im Kreis, übt Luftsprünge und tanzt auf Zehenspitzen. Am Abend stellt sie sich in ihrem Kostüm stolz ihrem Vater vor. Auch er findet, dass Christine ein wunderschönes Tanzmariechen ist. Von diesem Tag an probiert Christine das Kostüm jeden Nachmittag an, übt Luftsprünge, dreht sich im Kreis und tanzt auf den Zehenspitzen. Die Tage bis zum Karnevalsfest im Kindergarten vergehen Christine viel zu langsam. Doch endlich ist der Tag da, an dem sie ihr Kostüm allen anderen im Kindergarten vorstellen kann. Stolz dreht sie sich im Kreis, tanzt auf Zehenspitzen und springt in die Luft. Die Kinder aus ihrer Gruppe sind begeistert. Christine ist wirklich wunderschön und fast so perfekt wie ein richtiges Tanzmariechen. Sie wird fast so wie in ihrem Traum von allen bewundert und bekommt viel Applaus. Das Fest im Kindergarten vergeht viel zu schnell. Doch Christine geht am Nachmittag noch als Tanzmariechen durch die Straßen und sammelt Bonbons und Schokolade. Am Abend legt sie ihr Kostüm auf den Stuhl und als sie im Bett liegt, schaut sie es sich noch lange an. Dabei denkt sie an den wunderschönen Tag und morgen, wenn sie wach wird, dann will sie wieder Tanzmariechen sein.

Hinweis:

Vielleicht kann ein Tanzmariechen-Kostüm bei einem Karnevalsverein ausgeliehen oder mit den Kindern selbst hergestellt werden, damit die Kinder sich einmal in ein Tanzmariechen verkleiden können und Luftsprünge oder das Tanzen auf Zehenspitzen ausprobieren können.

Spiel-
geschichte

Die zwei Piraten Langhein und Raubein

Material: zwei Piratenverkleidungen (Augenklappe, Kopftuch, Säbel aus Pappe), eine Stehleiter (als Palme), ein Fernglas, ein Eimer mit Papierschnipseln, ein rollendes Brett, auf dem zwei Kinder sitzen können, ein zweites rollendes Brett, das ein Schiff darstellt, zwei Stöcke als Ruder, ein großes Tuch

Hinweis: Für dieses Spiel benötigen Sie ein wenig Platz!

Vorbereitung: Aus einem großen Stück Pappe wird der Umriss eines Schiffskörpers ausgeschnitten und an einem Rollbrett befestigt. Das zweite Rollbrett stellt das Boot dar, die Leiter eine Palme und das Tuch die Insel. Der Eimer mit Papierschnipseln steht als Wassereimer ebenso bereit wie das Fernglas.

Einstieg: Die Erzieherin trägt eine Augenklappe. Die Kinder sollen mutmaßen, wer solche Augenklappen trägt. Ein reges Gespräch über das Leben der Piraten kann sich anschließen. Danach erzählt die Erzieherin die folgende Geschichte und die Kinder machen mit.

Auf einer einsamen Insel leben die Piraten Langhein und Raubein. Vor vielen Jahren, als ihr Schiff bei einem schweren Unwetter gekentert ist, sind sie hier gestrandet. Seit dieser Zeit leben Langhein und Raubein hier allein. Langhein und Raubein sind zwei mutige Piraten und haben in ihrem Piratenleben schon viele Abenteuer erlebt. Langhein hat vor vielen Jahren mit einem riesengroßen Hai gekämpft und seit dieser Zeit ist sein rechter Arm aus Holz. Raubein hat mit anderen Piraten gekämpft und seit dieser Zeit ist sein linker Arm aus Holz. Doch das macht den beiden gar nichts aus. Auch heute noch lieben sie Abenteuer, aber auf der Insel ist nicht viel los. Langhein ist ein Frühaufsteher. Morgens, noch bevor die Sonne aufgeht, läuft er zum Strand. Dort klettert er auf eine Palme und hält Ausschau nach Schiffen. Raubein ist ein Langschläfer. Wenn Langhein ihn nicht weckt, dann schläft er den ganzen Tag. An diesem Morgen, als Langhein wieder einmal mit seinem Fernglas auf der Palme sitzt, entdeckt er auf dem Meer ein riesengroßes Segelschiff. Wie ein Blitz rutscht er die Palme hinunter und rennt zu Raubein. Doch der schläft noch tief und fest. Langhein rüttelt und schüttelt ihn und ruft laut: „Feind in Sicht!" Doch Raubein rührt sich nicht. Er schläft und schnarcht, als wolle er den ganzen Wald absägen. Nun muss Langhein allein auf das Meer. Er läuft zurück an den Strand, setzt sich in das Ruderboot und rudert, so schnell es geht, aufs Meer hinaus. Er kommt dem großen Schiff immer näher. Langhein rudert so nah heran, dass er mühelos auf das riesengroße Schiff klettern kann. Vorsichtig schleicht er über das Deck. Doch niemand ist zu hören und zu sehen. Nirgends ist ein Matrose oder ein Pirat.

Fest- und MottoTage

Langhein schaut in alle Ecken und Winkel, doch das Schiff ist menschenleer. Langhein ist plötzlich sehr erfreut. Er hat ein leeres Schiff gefunden. Davon muss er Raubein berichten. Schnell klettert er zurück in sein Boot und rudert zur Insel zurück. Doch Raubein schläft und schnarcht immer noch. Langhein holt einen Eimer Wasser und schüttet ihn Raubein über den Kopf. Der erschrickt, wird wach und noch bevor er schimpfen kann, erzählt Langhein ihm von dem menschenleeren Schiff auf dem Meer. Nun ist Raubein wach. Er läuft mit zum Strand, setzt sich mit in das Boot und beide rudern zum großen Schiff. Langhein und Raubein klettern auf das Schiff, schleichen über das Deck und schauen überall nach. Niemand ist zu sehen. Langhein und Raubein freuen sich. Sie haben ein neues, eigenes Schiff. Langhein übernimmt das Steuer und langsam fahren sie mit dem Schiff über das Meer. Von diesem Tag an sind sie wieder richtige Piraten. Darüber freuen sie sich sehr. Es wird dunkel und langsam steuern sie ihr Schiff zum Strand. In dieser Nacht schlafen Langhein und Raubein auf ihrem Schiff und träumen von abenteuerlichen Reisen auf dem Meer.

Abschluss: Die Utensilien werden bereitgestellt und diese Geschichte kann nun gespielt werden.

Variation: Die Kinder werden in zwei Gruppen aufgeteilt und den Piraten Langhein und Raubein zugeordnet. Eine Gruppe bekommt Metalllöffel, die andere Holzlöffel, die die Kinder aneinander schlagen, wenn der Name ihres Piraten genannt wird. So wird aus der Spielgeschichte eine Mitmachgeschichte.

Fingerspiel

Finger-Faschingstanz

Kommt und gönnt euch etwas Ruh,
schaut nun den Tanzmariechen zu.
Heut tanzen sie die ganze Nacht,
weil ihnen das viel Freude macht.
Passt auf und gebt jetzt ganz gut Acht,
der Vorhang wird nun aufgemacht:

Die zusammengehaltenen Fäuste seitlich auseinander führen.

Die Finger der rechten Hand strecken und die Hand auf und ab von rechts nach links bewegen.

Fünf Tanzmariechen tanzen schnell
nach hier und da und auf der Stell',

Hand auf- und zumachen.

sie beugen und sie strecken sich,

Hand hin und her drehen.

sie drehen sich allein für dich.

Die linke Hand wird mit gestreckten Fingern neben die rechte Hand gehalten.

Noch fünf Tanzmariechen kannst du sehn
auf die große Bühne gehn.

Hände zusammenrücken, auf und ab von rechts nach links bewegen.

Munter geht es hin und her,
ihr schöner Tanz gefällt mir sehr,

Die Hände gehen auseinander und verschwinden hinter dem Rücken.

und kommt dann die Musik zur Ruh

Die Fäuste kommen wieder hervor und werden zusammengeführt.

geht auch der Vorhang wieder zu.

Fest- und Motto**Tage**

> Mitmach-
> geschichte

Die Cowboys Piff, Paff und Puff

Material: drei Cowboyhüte, Töpfe, Deckel, Dosen und alles, womit man Krach machen kann

Hinweis: In dieser Geschichte sind viele Fehler versteckt. Wenn die Kinder einen Fehler entdecken, setzen sie die Klapperinstrumente ein, machen Krach und korrigieren den Fehler.

Einstieg: Die Erzieherin legt einen Cowboyhut in die Kreismitte. Er soll zu einem Gespräch über Cowboys anregen. Danach legt sie die beiden anderen dazu und sagt, dass diese drei Hüte den Cowboys Piff, Paff und Puff gehören. Sie verteilt nun die Klapperinstrumente und erklärt den Kindern die Aufgabe. Dann erzählt sie die Geschichte von den drei Cowboys.

Weit weg von hier im Wilden Westen leben die Cowboys Piff, Paff und Puff. Sie sind weit und breit bekannt, weil sie gut reiten, sehr gut Rinder jagen und einfangen können, aber auch weil sie gute Goldgräber sind. Sie wissen genau, wo man im Wilden Westen viel Gold findet. Piff, Paff und Puff sind immer unterwegs. Sie reiten auf ihren Kamelen von einer Stadt zur anderen. Dort kaufen sie mit ihrem Gold Lebensmittel, neue Pferde und viele andere Dinge ein. Heute sind sie schon sehr früh auf dem Weg nach Klappertown. Es ist eine kleine Stadt hinter den Bergen. Hier ist es noch ganz ruhig und Piff, Paff und Puff schwimmen die staubige Straße entlang. Ein kräftiger Wind weht und wirbelt den gelben Schnee auf. Piff, Paff und Puff ziehen ihre Kapuzen tief ins Gesicht. Hier und da klappert eine Holztür oder knarrt ein Scheunentor. Langsam geht der Mond hinter den Bergen auf und es wird immer heller. Piff, Paff und Puff sind von dem anstrengenden Ritt sehr müde und deshalb machen sie eine Rast. Sie steigen von ihren Elefanten und legen sich unter einen großen Baum. Dort ist es schattig. Hier ist genau der richtige Ort, um ein Schläfchen zu halten. Piff, Paff und Puff ziehen sich ihre Mützen ins Gesicht und schon hört man sie husten. Es dauert nicht lange, da wird die kleine Stadt wach. Die Pferdekutschen fahren die Straßen entlang und viele Cowboys sind damit beschäftigt, ihre Schweine auf die Wiese zu treiben. Piff, Paff und Puff werden von dem Krach wach, steigen auf ihre Elefanten und schwimmen weiter. Bei einem Pferdehändler kaufen sie von ihrem Gold drei große braune Schafe. Auf diesen Kauf müssen sie erst einmal etwas trinken. Sie gehen nun in den Saloon und trinken jeder drei Glas Milch. Nun sind ihre Goldsäcke leer und deshalb setzen sich Piff, Paff und Puff auf ihre neuen Kühe und reiten mit ihnen nach Hause. Ein Tag in Klappertown geht zu Ende und in der kleinen Stadt gehen die Lichter aus.

Abschluss: Aus der korrigierten Geschichte wird eine Mitmachgeschichte. Bei Piff stehen alle Kinder auf, bei Paff knien sie sich hin und bei Puff setzen sie sich wieder.

Fest- und MottoTage

Spiele

Spielvorschläge zur Geburtstagsgestaltung

Ein Verkleidungsfest

In vielen Kindergärten gibt es einen großen Korb oder Karton mit Altkleidern, die mit Hilfe der Eltern gesammelt wurden: Kleider, Röcke, Hüte, Mützen, Taschen, Schuhe usw. Die Kinder können sich damit nach Herzenslust verkleiden und in andere Rollen schlüpfen.

Spiele für das Verkleidungsfest:

Der Verkleidungswürfel

In der Kreismitte liegt ein Berg Kleidung. Die Kinder würfeln der Reihe nach. Die gewürfelte Augenzahl zeigt an, wie viele Kleidungsstücke die Kinder jeweils anziehen dürfen. Erschwert wird das Spiel, wenn z.B. bei der Zahl 1 wieder ein Teil ausgezogen werden muss oder wenn ein Spieler noch einmal würfeln darf, wenn er die 6 geworfen hat. Die Kinder und Sie können natürlich auch ganz andere Regeln erfinden.

Ist der Kleiderberg aufgelöst, ziehen sich die Kinder wieder aus. Dabei werden die Teile gezählt. Wer hatte die meisten Kleidungsstücke an?

Variation:
Innerhalb einer festgelegten Zeit (die Erzieherin stoppt mit der Uhr) ziehen die Kinder sich, so schnell es geht, irgendwelche Kleidungsstücke an. Danach wird der Würfel eingesetzt und entsprechend der gewürfelten Augenzahl ziehen sich die Kinder wieder aus. Auch hier können Zusatzregeln erfunden werden.

Kostümrennen

Es werden zwei gleich lange Rennstrecken aufgebaut. Innerhalb dieser Strecken gibt es Stationen, an denen jeweils die gleichen Kleidungsstücke liegen, z.B. zwei Hüte, zwei Paar Stiefel, zwei Jacken, zwei Hosen. Jeweils zwei Kinder starten zeitgleich und ziehen sich die auf der Strecke liegenden Kleidungsstücke an. Haben sie alle Dinge angezogen, laufen sie zurück zum Start. Wer hat seine Aufgabe zuerst erfüllt?

Koffer packen

Zwei Kinder wollen verreisen. Sie müssen ihre Koffer packen. Ihre Kleidungsstücke liegen jedoch kreuz und quer in der Wohnung herum. Sind alle Kleidungsstücke eingepackt, so wird nachgezählt, wie viel jedes Kind im Koffer hat. Wer hat die meisten Kleider erwischt?

Eine Dorf- oder Stadtrallye

Erkunden Sie doch einmal mit Ihrer Gruppe am Geburtstag eines Kindes Ihr Dorf oder Ihre Stadt. Dabei haben die Kinder nicht nur viel Spaß, sondern erfahren auch noch etwas über ihre nahe Umgebung. Die Erkundungstruppe bekommt kleine Sonnenschilder oder Hüte, die vorher aus Pappe oder Papier gebastelt wurden. Danach werden kurz der Weg und verschiedene Aufgaben festgelegt. (Eventuell müssen Sie vorher mit dem Bäcker, dem Kaufmann, dem Friseur, dem Bauern sprechen, bei dem die Kinder eine Aufgabe lösen sollen.) Die Erzieherin erstellt ein Aufgabenbuch. Da sie die Strecke kennt, ist sie nur Begleiterin der Kinder. Sie liest die Wegbeschreibung und die Aufgaben vor. Eventuell kann sie die Strecke vorher auch mit Fähnchen, Pfeilen oder Luftballons kennzeichnen.

Dann kann es losgehen. Die Kinder regeln alles ganz selbstständig. Unterwegs kann Rast in einer Eisdiele, in einem Café oder ein Picknick auf einem Dorfplatz gemacht werden.

Vorschläge für eventuelle Fragen und Aufgaben:

1. Wie viele Bankreihen stehen in der Dorfkirche?
2. Zählt die Torten, die beim Konditor im Schaufenster stehen.
3. Wie viele Bäume stehen vor dem Rathaus?
4. Geht zur Post und holt eine Briefmarke.
5. Geht zum Kaufmann und holt drei Äpfel.
6. Wie viele Treppen führen zum Stadtmuseum?

usw.

Auf dem Dorfplatz, unter einem alten Baum kann beispielsweise ein Geburtstagslied gesungen oder eine Geschichte vorgelesen werden.

Ein Wiesen- oder Waldgeburtstag

Verbringen Sie den Geburtstag eines Kindes im Wald oder auf einer Wiese. Dort können viele schöne Spiele gemacht werden. Ein Wald- oder Wiesenfrühstück rundet diesen Tag ab.
Auch der Spaziergang durch den Wald oder über ein Wiesengelände kann wie eine Rallye gestaltet werden.

Beispiele:

1. Die Kinder gehen einen gekennzeichneten Weg und sammeln unterwegs bestimmte Gräser, Blumen oder Baumfrüchte.
2. An verschiedenen Stationen ertasten, erriechen oder erschmecken sie etwas mit verbundenen Augen.
3. Sie balancieren, krabbeln oder hüpfen eine bestimmte Strecke.

Fest- und Motto*Tage*

Geschenke/ Rezepte

Kleine Geschenke zum Geburtstag

Geburtstagsgeschenke begleiten Kinder oft sehr lange. Es sind wertvolle Erinnerungen an einen wichtigen Tag in ihrem Leben. Deshalb sollten sie nützlich, brauchbar und von bleibendem Wert sein. Sie sollten in einer Beziehung zu dem stehen, was das Kind täglich macht. Hier einige Beispiele für Geschenke, die nicht teuer, aber als Erinnerung sehr wertvoll sind.

Kindertasche
Kinder können eine Tragetasche oft und gut gebrauchen. Ein Beutel aus Jutestoff, der z.B. mit den Daumen der Kinder aus der Gruppe bedruckt und mit deren Namen versehen ist, kann lange Freude machen.
Alternativ: T-Shirt, Handtuch

Ein buntes Halstuch
Ein Seidentuch, welches von den Freunden des Kindes mit Seidenmalstiften bemalt wurde, kann täglich getragen und somit ein treuer Begleiter werden.

Das Frühstücksgedeck
Im Laufe der drei Kindergartenjahre kann das Kind ein Gedeck sammeln. Z. B. eine mit dem eigenen Namen versehene Tasse im 1. Jahr, ein mit dem Namen versehenes Frühstücksbrettchen im 2. Jahr und ein bedrucktes Platzdeckchen im 3. Jahr machen das Gedeck komplett.

Eine Fotocollage
Bilder aus verschiedenen Situationen im Kindergarten, die als Collage zusammengestellt und mit einem Bilderrahmen gerahmt werden, können schöne Erinnerungen wecken.

Ein Geburtstagsalbum
Ein selbst zusammengestelltes Buch mit Liedern, Geschichten, Fingerspielen, Fotos, Bastelanregungen erinnert an Kindergartentage. Es kann jährlich erweitert werden.

Die Geburtstagstüte
Eine Tüte, ähnlich der Schultüte, wird mit Basteleien von den anderen Kindern, aber auch mit kleinen Kostbarkeiten wie Edelsteinen, einem Taschentuch, etwas Knete usw. gefüllt und dem Geburtstagskind überreicht.

Leckeres für den Geburtstagsschmaus

Überraschungspfannkuchen
Zutaten: 250 g Mehl, 3 Eier, ½ l Milch, etwas Salz, Obst, Puderzucker zum Bestreuen
Zubereitung: Aus den Zutaten wird ein Teig gerührt. Daraus werden kleine Pfannkuchen gebacken. Das Obst wird klein geschnitten und auf eine Hälfte des Pfannkuchens gelegt. Danach kann der Pfannkuchen umgeklappt und mit Puderzucker bestreut werden.
Variation: Der Pfannkuchen kann, bevor er mit Obst belegt wird, mit einer Nougatcreme bestrichen werden.

Obstlutscher
Zutaten: Bananen, Äpfel, Birnen, flüssiger Honig, Zitronensaft, Schokostreusel, Kokosraspeln, bunte Zuckerkugeln, Mandeln usw., Holzstäbe
Zubereitung: Die Bananen werden geschält und der Länge nach halbiert, das Obst wird geschält und längs geviertelt. Nun wird das Obst auf Holzstäbe gesteckt, mit Zitronensaft und Honig bestrichen und in den Schokostreuseln usw. gewendet. Diese Obstlutscher werden in einen Blumentopf, der mit Sand gefüllt ist, gesteckt und können nach Bedarf genascht werden.

Baumkekse
Zutaten: Butterkekse, Schokolade
Zubereitung: Die Schokolade wird flüssig gemacht und auf einen Keks gestrichen. Dann wird abwechselnd ein Keks, Schokolade, ein Keks usw. aufgeschichtet, bis eine „Baumstruktur" zu erkennen ist.

Brot/Käsespieße
Zutaten: Schmale Vollkornbrotscheiben, Käse am Stück, Weintrauben oder anderes Obst, Holzspieße, Schmelzkäse oder Butter
Zubereitung: Eine Brotscheibe wird mit Käse oder Butter bestrichen und eine zweite darauf gelegt, die Brotkruste wird weggeschnitten. Aus dem Brot und dem Käse werden Würfel geschnitten. Abwechselnd Brot, Käse und Obst auf den Spieß geben. Fertig ist der Brotspieß.

Knuspermüsli
Zutaten: Naturjoghurt, Quark, Honig, Rosinen, Mandeln, gehackte Nüsse, Orangen und beliebiges anderes Obst
Zubereitung: Naturjoghurt, Quark und Honig werden verrührt, Rosinen, Mandeln und Nüsse untergemengt. Das Obst wird klein geschnitten, bis auf die Orangen, die halbiert werden und ihr Fruchtfleisch so vorsichtig herausgehoben, dass die Schalen ganz bleiben. Dort hinein wird die Joghurtmasse gefüllt und das Obst darauf gelegt.

Mixgetränke
Zutaten: eine Tüte Milch, Obst nach Wahl z. B.: 2 Bananen, 250 g Erdbeeren, Brombeeren oder Himbeeren usw., 1 Becher Sahne, Honig
Zubereitung: Milch mit dem Obst, dem Honig und 0,1 l Sahne mit einem Rührgerät mixen. In Gläser füllen und mit der restlichen, geschlagenen Sahne verzieren. Ein Bällchen Eis verfeinert den Geschmack.

Lieder

Alte Melodien, neue Geburtstagslieder

Der Peter hat Geburtstag
(Melodie: Ich bin ein Musikante)

Der Name des jeweiligen Geburtstagskindes wird eingesetzt, z.B. Peter.

Vorsänger:	Der Peter hat Geburtstag, wir gratulieren dir.
Alle:	Der Peter hat Geburtstag, wir gratulieren dir.
Vorsänger:	Drum will ich spielen.
Alle:	Drum wollen wir spielen.
Vorsänger:	Auf meiner Trommel.
Alle:	Auf unsrer Trommel.
Vorsänger:	Toromtomtom, toromtomtom, toromtoromtoromtomtom.
Alle:	Toromtomtom, ...

Die Kinder können weitere Instrumente einsetzen.

Die Lena ist ein schönes Kind
(Melodie: Dornröschen war ein schönes Kind)

Auch hier wird der Name des jeweiligen Geburtstagskindes eingesetzt.

Die Lena ist ein schönes Kind, schönes Kind, schönes Kind,
die Lena ist ein schönes Kind, schönes Kind.
Sie feiert heut' ein schönes Fest, schönes Fest, schönes Fest,
sie feiert heut' ein schönes Fest, schönes Fest.
Und dazu lädt sie Gäste ein, Gäste ein, Gäste ein
und dazu lädt sie Gäste ein, Gäste ein.

Das Geburtstagskind geht herum und lädt einige Kinder (Anzahl nach Alter des Kindes) ein, mit ihm ins Geburtstagsland zu gehen:

Die ... (Jana), die soll mit mir gehn, mit mir gehn, mit mir gehn,
die Jana, die soll mit mir gehn, mit mir gehn.
Der ... (Bernd), ja, der soll mit mir gehn ...
Die ... (Sarah), die soll mit mir gehn ...

Alle:

Wir ziehen ins Geburtstagsland, Geburtstagsland, Geburtstagsland,
da gibt es heut' so allerhand, allerhand.
Wir springen, tanzen und sind froh und sind froh und sind froh,
wir springen, tanzen und sind froh und sind froh.
Und ist das Fest dann abends aus, abends aus, abends aus,
dann gehen alle froh nach Haus, froh nach Haus.

Hoch, hoch, hoch
(Melodie: Summ, summ, summ)

Auch hier wird der Name des jeweiligen Geburtstagskindes eingesetzt.

Hoch, hoch, hoch, der ... (Klaus), er lebe hoch,
wir freuen uns auf das schöne Fest, das uns zusammen tanzen lässt.
Hoch, hoch, hoch, der ... (Klaus), er lebe hoch.

... wir freu'n uns auf das schöne Fest, das uns zusammen hüpfen lässt ...

Die Kinder können weitere Strophen erfinden.

... wir freu'n uns auf das schöne Fest, das uns zusammen stampfen lässt ...

Fest- und MottoTage

Spielgeschichte

Ein Indianergeburtstag

Feiern Sie mit den Kindern den Geburtstag doch einmal unter einem Motto. Kinder verkleiden sich auch gerne einmal mitten im Jahr. Damit das Fest zu einem unvergessenen Ereignis wird, finden Sie hier einige Beispiele für den Ablauf einer solchen Feier.

Raumgestaltung:
Ein Indianergeburtstag lässt sich natürlich sehr gut unter freiem Himmel feiern. Aber auch im Haus hat man die Möglichkeit, eine passende Atmosphäre zu schaffen. Wenn es möglich ist, sollte ein ganzer Raum (z.B. der Gymnastikraum) in ein Indianerlager umgestaltet werden. In diesem Raum können die Kinder dieses Geburtstagsthema noch ein paar Tage länger mit Geschichten oder anderen Spielen vertiefen.

Indianerzelt:
Aus Bohnenstangen, die mit einer festen Schnur zusammengebunden werden, kann ein Zeltgerüst erstellt werden. Dieses wird mit Betttüchern, bunten Stoffen oder mit Papier in ein Indianerzelt verwandelt.
Es können aber auch fertige Indianerzelte verwendet werden.

Lagerfeuer:
Ein symbolisches Lagerfeuer aus rotem Stoff und Holz ist der Treffpunkt für alle Indianer. Sollte das Lager draußen errichtet werden, so ist ein richtiges Lagerfeuer eine besondere Überraschung.

Die Indianer Hin und Her

Spielanweisung: Bei dem Wort Hin stehen alle auf, bei dem Wort Her setzen sie sich wieder.

Zum Stamm der Titschis gehören die beiden Indianer Hin und Her. Sie sind vom Sonnenaufgang bis zum Sonnenuntergang zusammen und machen alles gemeinsam. Hin und Her haben nie Langeweile. Ihnen fällt immer etwas ein. Manchmal ist für sie der Tag viel zu kurz, um alles zu machen, was ihnen einfällt. Hin und Her strolchen gerne in den Bergen herum.
Dort haben die beiden vor einigen Tagen eine Höhle entdeckt. Darin suchen sie nach Edelsteinen, Gold, Bärenknochen oder anderen wertvollen Dingen. Diese Höhle kennt außer Hin und Her noch niemand und so soll es auch bleiben.

Wenn sie einmal nicht in der Höhle sind, so liegen Hin und Her auch sehr gerne auf der Wiese. Dann lassen sie sich den Wind um die Nase wehen, schließen ihre Augen und träumen davon, einmal Häuptling zu sein.
Eines Tages, als Hin und Her mal wieder durch die Gegend strolchen, findet Hin in einer Felsspalte einen Teil einer Schatzkarte. Her, der gerade auf der anderen Seite des Berges ist, findet unter einem dicken Stein ebenfalls einen Teil einer Schatzkarte. Er ruft ganz laut nach seinem Freund. Hin nimmt seinen Teil der Schatzkarte und läuft schnell zu Her. Beide stehen voreinander und halten das, was sie gefunden haben, in der Hand. Erstaunt fragen sie sich: „Passen die Kartenteile wohl zusammen?" Schnell legt Hin sein Kartenstück an das von Her. Tatsächlich, die Teile gehören zusammen. Nun haben sie eine richtige Schatzkarte! Neugierig schauen sich Hin und Her die Karte an. Dort sind geheimnisvolle Zeichen zu sehen. Plötzlich entdeckt Hin einen Berg und Her erkennt den Eingang zu einer Höhle. Berg und Höhleneingang sehen genauso aus, wie der Ort, an dem sie immer spielen. Nun entdecken sie auf der Karte noch eine Schatztruhe. Sie liegt fast genau an der Stelle, an der Hin und Her immer nach Bärenknochen und Edelsteinen suchen. So schnell es geht laufen sie zu ihrer Höhle. Sie wollen den Schatz unbedingt finden.

Hin geht voran und hält die Schatzkarte. Her geht etwas ängstlich hinterher. Der Höhlengang wird immer enger und es wird auch immer dunkler. Plötzlich können sie nichts mehr sehen. Um sie herum ist es stockfinster. Her bekommt Angst, doch Hin, der Mutige, geht weiter. Da entdeckt er in der Ecke etwas Glitzerndes.
„Das ist die Schatztruhe", denkt er und ruft laut nach Her. Gemeinsam schleppen sie die Kiste ans Tageslicht. Das ist ein hartes Stück

Arbeit, doch sie hat sich gelohnt. Als sie die Kiste öffnen, glauben sie zu träumen. Sie ist bis zum Rand mit Goldstücken gefüllt.
„Wir haben es geschafft!", ruft Hin und Her schreit: „Wir haben einen eigenen Schatz." Da sie zwei gute Indianer sind, bringen sie den Schatz zum Stammeshäuptling. Auch er freut sich über den Schatz. „Nun hat mein Volk keine Not mehr", sagt er mit froher Stimme und bedankt sich bei Hin und Her. Sofort trommelt er sein Volk zusammen, verteilt die Goldstücke und feiert mit allen ein großes Fest. Hin und Her aber, die beiden Indianerkinder, bekommen vom Häuptling einen langen Federschmuck. Sie sind sehr stolz, denn jetzt sind sie kleine Häuptlinge.

Fest- und Motto*Tage*

Spiele/Rezepte/Lieder

Indianerrallye

Eine Kindergruppe legt mit Hilfe von Steinen, Federn, Sand oder Fußspuren aus Pappe eine Strecke zum Indianerschatz. Die zweite Gruppe geht den Spuren nach, um den Schatz (eine Schachtel mit kleinen Edelsteinen) zu finden. Unterwegs müssen die Kinder an verschiedenen Stationen Aufgaben lösen, z.B. etwas riechen, etwas schmecken, etwas hören, etwas fühlen; sie können auch über Bänke balancieren oder über einen Fluss springen. Sind sie am Ziel, suchen sie die versteckte Schatztruhe. Jedes Kind erhält zur Erinnerung an diese Schatzsuche einen kleinen Edelstein als Geschenk.

Steckenpferd basteln

Aus fester Pappe schneiden die Kinder einen Pferdekopf. Dieser wird an einem Stock befestigt und mit Wolle und Knöpfen weiter gestaltet.

Indianerschmuck

Pappe, Wolle, Stopfnadeln, Klebstoff, Schere, Federn, Perlen, Korkenscheiben, Blätter, Eicheln oder andere Naturmaterialien werden bereitgestellt. Die Kinder können damit für sich Schmuck herstellen.

Selbst gemachte Perlen: Aus Salzteig werden kleine Kugeln geformt und mit einem dicken Draht durchstochen. Nach dem Trocknen werden sie angemalt und können zu bunten Ketten aufgefädelt werden.

Basteleien mit Korken

Aus Korken, Zahnstochern, Filz, Federn, kleinen Perlen und Klebstoff können Korkindianer und Korkpferde gebastelt werden. Aus kleinen, zusammengebundenen Ästen entstehen Indianerzelte. Mit Steinen und Sand kann ein Indianerlager gestaltet werden.

Deftiges für einen Indianerschmaus

Ofenkartoffeln

Kleine Kartoffeln werden gewaschen, halbiert und auf ein gefettetes Backblech gelegt (mit der Schnittfläche nach unten), dann oben eingeritzt, mit Öl eingepinselt und mit Sesam oder Gewürzen bestreut. Die Kartoffeln werden im Backofen ca. 45 Minuten bei 200 Grad gebacken. Dazu schmeckt Kräuterquark.

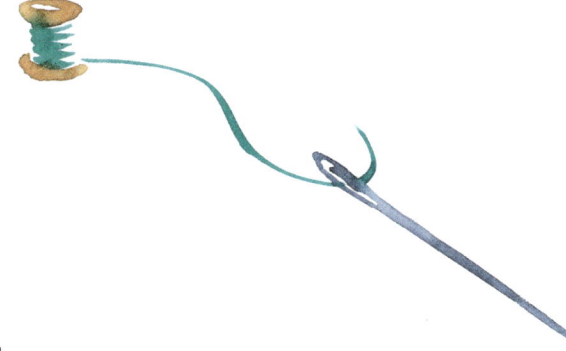

Grillspezialitäten

Wird das Fest im Freien gefeiert, so können auf einem Grill aus Ziegelsteinen und einem Backofenblech kleine Würstchen, kleine Fleischstücke, Gemüse, Kartoffeln und sogar Obst gegrillt werden.

Zaubertrunk

In Himbeersaft oder Holundersaft werden kleine Apfelstückchen geschnitten.

Wollt ihr wissen

(Melodie: Wollt ihr wissen.)

Wollt ihr wissen, wollt ihr wissen,
was Indianer gerne machen?
Leise schleichend, leise schleichend, ja so kann man sie sehn.
… Ganz laut stampfend, … Pfeife rauchend,

Weitere Strophen erfinden die Kinder selbst.

Spiellieder

Hopp, hopp, hopp, wir reiten im Galopp

(Melodie: Hopp, hopp, hopp, Pferdchen, lauf galopp)

Hopp, hopp, hopp, wir reiten im Galopp,
reiten über Stock und Steine, reiten heute nicht alleine,
hopp, hopp, hopp, wir reiten im Galopp.

Hopp, hopp, hopp, wir reiten im Galopp,
schleichen durch den warmen Sand, hier im Indianerland,
hopp, hopp, hopp, wir reiten im Galopp.

Hopp, hopp, hopp, wir reiten im Galopp,
sitzen gerne an dem Feuer, jagen nachts die Ungeheuer,
hopp, hopp, hopp wir reiten im Galopp.

Spielanleitung: Die Kinder reiten auf ihren Steckenpferden und bewegen sich entsprechend zum Text.

Fest

Eine Quatschmachparty

Zum Abschluss der Quatschmachtage ist eine Quatschmachparty eine schöne Sache. Gemeinsam, vielleicht sogar mit den Eltern, in einer lustigen Atmosphäre auch außerhalb der Karnevalszeit Quatsch zu machen, lässt die Herzen aller höher schlagen und ein Ausbruch aus dem Alltag tut allen gut.

Einladung

Eine Einladung zu dieser Party könnte z. B. mit einem Luftballon gestaltet werden. Aus alltäglichem Material wie Eierwaben für Nase und Ohren, in Scheiben geschnittene Weinflaschenkorken für die Augen und einem Wollfaden als Mund bekommt der Luftballon ein lustiges Gesicht. Wenn der Faden für den Mund nur an den Enden festgeklebt wird, dann bewegt sich der Mund des Quatschmachclowns. Haare aus Luftschlangen und ein Hut aus einem beklebten Joghurtbecher machen den Quatschmachclown perfekt. An einem Band oder in dem Luftballon befindet sich ein Kärtchen mit weiteren Informationen zur Quatschmachparty.

Verkleidungen

Selbstverständlich kommt man zu einer Quatschmachparty nicht wie gewöhnlich angezogen, sondern in einer Quatschmachverkleidung. Das kann ein lustiger Hut, eine lustige Brille, eine andere Frisur, eine Pappnase oder sogar ein komplettes Kostüm sein. Die Eingeladenen sollen ihrer Fantasie freien Lauf lassen, und die Kinder helfen sich gegenseitig beim Schminken und Verkleiden.

Raumgestaltung

Der Raum, in dem dann diese Party gefeiert wird, kann mit den Kindern einige Tage vorher mit Luftballons, selbst gestalteten Lampions, Masken aus Tortenplatten und Krepppapierbändern dekoriert werden.

Programm

Die im Buch bereits vorgestellten Lieder, Spiele und Geschichten können noch einmal in das Programm aufgenommen und mit neuen Vorschlägen verbunden werden.

Ballonsuche

Material: 10 bis 14 Luftballons, zwei Müllsäcke, zwei extra angefertigte Brillen aus Pappe, eine Pfeife

Spielablauf: Kinder und Eltern knien auf dem Boden und begrenzen gemeinsam ein großes quadratisches Feld, in dessen Mitte aufgeblasene Luftballons liegen. Zwei Mitspieler bekommen eine Pappbrille aufgesetzt, die nur ein ganz kleines Guckloch hat. Auf ein Kommando hin laufen sie gleichzeitig los, holen einen Luftballon und bringen ihn zum Ziel, das außerhalb des Feldes liegt. Dort legen sie den Luftballon in einen großen Müllsack, laufen wieder ins Feld, holen erneut einen Ballon, bringen ihn zum Ziel usw. Jedoch weht an diesem Tag ein starker Wind. Die Kinder und Eltern am Rand pusten und versuchen so, die Ballons in Bewegung zu bringen. Die Brille, die nur ein eingeschränktes Sichtfeld hat, erschwert den Ballonsuchern die Arbeit. Am Schluss wird gezählt, wer bis zum Abpfiff die meisten Ballons eingesammelt hat.

Fest- und MottoTage

Fest

Der ungewöhnliche Fischfang

Material: ca. 10 bunte Fische aus Styropor, zwei Taucherbrillen, zwei Paar Schwimmflossen, zwei große Eimer, eine blaue Mülltüte, zwei selbst gemachte Angeln, 6 Reifen, 2 Schaumgummiwürfel, 2 Langbänke

Spielablauf: Auf dem aufgeschnittenen blauen Müllsack, der den See darstellt, liegen Fische, die einige Tage vorher von den Kindern aus Styropor geschnitten und bemalt wurden. Die Fische haben auf ihrem Rücken aus Blumendraht eine Schlaufe. Zwei Kinder bekommen Schwimmflossen an die Füße, eine Tauscherbrille aufgesetzt und eine Angel in die Hand. Die Angel ist ein Bambusstock mit einer Schnur, an der ein Haken aus Blumendraht befestigt ist. Nun wird für jeden Angler ein Hindernisweg aus Reifen, einer Bank, aus Würfeln, Stühlen aufgebaut. Auf ein Kommando hin müssen die beiden Angler nun über den Weg zum See, dort einen Fisch angeln, den Weg zurücklaufen, den Fisch in einen Eimer legen und wieder über den Weg zum See usw. Wenn im See keine Fische mehr sind, wird gezählt, welcher der beiden Angler erfolgreicher war.

Poposchieben

Material: zwei große, dicke Kopfkissen, zwei lange Schals, ein langes Seil oder ein Rundseil

Spielablauf: Zwei Mitspielern wird das dicke Kissen mit Hilfe des Schals am Po festgebunden. Mit dem Seil oder Rundseil wird ein großer Kreis gelegt. Nun stellen sich die Mitspieler Popo an Popo, haken sich, wenn sie es möchten, mit den Armen unter, und versuchen sich nun gegenseitig aus dem Kreis zu schieben. Wer schafft es, seinen Mitspieler zuerst hinaus zu drängen?

Der Blindfisch

Dieses Spiel ist eine etwas feuchte Angelegenheit.

Hinweis: eine große Menge feuchter Tücher oder Schwämme, ein paar blaue Mülltüten, zwei Augenbinden, Handtücher

Spielablauf: Zwei Flussläufe werden aus blauen Mülltüten gelegt. Auf den Tüten werden die nassen Schwämme oder Tücher verteilt. Je ein Mitspieler steht mit nackten Füßen, hochgekrempelten Hosen und verbundenen Augen am Flussanfang. Die restlichen Kinder und Erwachsenen stehen am Flussufer und geben den blinden Fischen Hinweise, damit sie möglichst trockenen Fußes das Ende des Flusses erreichen.
Welcher Blindfisch schafft das als Erster? Wer von beiden ist in mehr nasse Tücher oder Schwämme getreten? Am Ziel kann sich jeder mit den Handtüchern seine Füße wieder abtrocknen.

Das Quatschmachbuffet

Für das Quatschmachbuffet können sich Eltern verschiedene kleine Leckereien überlegen und sie für diesen Tag zubereiten. Hier ein Tipp, damit das Buffet noch eine lustige Note bekommt.

Glückspudding

Zutaten: 1 l Milch, 2 Päckchen Vanillepuddingpulver, Speisefarbe in verschiedenen Farben, 80 g Zucker, Plastikförmchen, Gummibärchen

Zubereitung: Der Vanillepudding wird nach Anweisung zubereitet und auf verschiedene Schüsseln verteilt. In den noch heißen Pudding werden einige Tropfen Speisefarbe gegeben und verrührt, sodass nun roter, grüner oder sogar blauer Pudding entsteht. Die Förmchen werden mit kaltem Wasser ausgespült. Dann werden sie mit etwas heißer Puddingmasse halb gefüllt. Danach wird in einige ein Gummibärchen gelegt und mit Pudding aufgefüllt. Die Förmchen werden einige Stunden in den Kühlschrank gestellt. Dann werden sie auf Dessertteller gestürzt und können mit Schoko- oder Vanillesoße übergossen werden. Wer Glück hat und einen Pudding mit einem Gummibärchen erwischt, kann mit diesem zur Erzieherin gehen und bekommt einen Quatschmach-Stempel (ein beliebiger Stempel, der im Kindergarten vorhanden ist) auf den Handrücken.

Ja, Halloween, das Gruselfest

Melodie: Jörg Schnieder
Text: Ingrid Biermann

1. Heut' Nacht mach' ich kein Auge zu,
heut' Nacht, da find' ich keine Ruh,
es knistert laut, es knackt und knallt,
Gespenster kommen aus dem Wald.

Refrain:

Ja, Halloween, das Gruselfest
uns heute alle gruseln lässt.
Ja, überall, da sieht man Lichter
und auch glühende Gesichter.

2. Heut' Nacht, da kann ein jeder seh'n,
Gespenster durch die Straßen geh'n,
sie kreischen, schreien, ja und dann
fangen sie wild zu tanzen an.

Refrain:

Ja, Halloween …

3. Heut' Nacht, ja, da schläft niemand ein,
ein jeder will Gespenst jetzt sein.
Ganz schwarz gekleidet und geschminkt,
jedes Gespenst ein Lied dann singt.

Refrain:

Ja, Halloween …

4. Doch ist die wilde Nacht vorbei,
dann hört man nicht mehr das Geschrei.
Denn die Gespenster geh'n nach Haus,
für sie ist dieses Fest nun aus.

Refrain:

Ja, Halloween …

Hinweis:

Mit klirrenden Gegenständen kann dieses Lied begleitet und getanzt werden. Da zu einem richtigen Halloweenfest auch ein Umzug gehört, kann dieser mit diesem Lied begleitet werden.

Fest- und
Motto**Tage**

Spiel-
geschichte

Kürbiszwerg trifft Gruselzwerg

Vorbereitung:

Ein Kind wird orange geschminkt und bekommt einen orangenfarbenen Umhang. Vielleicht können auch die Haare orangefarben angesprüht und andere orangefarbige Kleidungsstücke angezogen werden. Ein anderes Kind wird schwarz angezogen, bekommt einen schwarzen Umhang und ein Gruselgesicht. Aus einem großen Stück Karton oder brauner Pappe werden zwei große Berge geschnitten und an je einer Stehleiter befestigt. Sie stellen die Höhlen der beiden Zwerge dar und stehen mitten auf der Spielfläche.

Kürbiskind kniet hinter der Leiter.

In einer Höhle in dem Berg,
da wohnt ein kleiner Kürbiszwerg.

Das Kind kommt hinter dem Berg hervor, springt, hüpft, läuft um den Berg herum usw.

Tagaus, tagein macht er nur Sachen,
die ihn so richtig fröhlich machen.

Kürbiskind steigt die Leiter hoch.

Täglich klettert dieser Zwerg
bis auf die Spitze von dem Berg.

Hand vor die Stirn halten, hin und her schauen, auf die oberste Stufe setzen, absteigen.

Schaut ins Tal, ruht sich dann aus,
bevor er geht zurück nach Haus.

Kürbiskind lauscht.

Plötzlich hört der Kürbiszwerg
drüben aus dem andern Berg

Gruselkind sitzt hinter seinem Berg und macht die entsprechenden Geräusche.

Stöhnen, Kreischen, lautes Husten,
Zischen, Poltern und auch Pusten.

Gruselkind kommt hinter dem Berg hervor.	Dann kommt gebückt aus diesem Berg ein ganz schwarzer Gruselzwerg.
Aufstampfen und grimmig schauen.	Zottelig, so ist sein Haar, schwarz und gruslig steht er da.
Beide Kinder gehen aufeinander zu.	Der Kürbis- und der Gruselzwerg treffen sich beide vor dem Berg.
Laut kreischen.	Der Gruselzwerg, er schreit ganz schrill, weil er den andern erschrecken will.
Kürbiskind stellt sich mutig vor den Gruselzwerg.	Der Kürbiszwerg bleibt mutig steh'n, das kann der andre nicht versteh'n.
Gruselkind agiert entsprechend. Kürbiskind stellt sich breit und fest vor den Gruselzwerg. Der Kürbiszwerg schreit laut.	Er zieht Fratzen, brüllt und schreit, der Kürbiszwerg, er macht sich breit. Er schreit, und unser Gruselzwerg rennt vor Schreck in seinen Berg.
Gruselzwerg versteckt sich in seinem Berg. Kürbiskind geht in seinen Berg.	Dort kommt er heut' nicht mehr heraus, der Kürbiszwerg geht stolz nach Haus.

Spiele

Gruselige und spaßige Spiele für einen Halloweentag

Hinweis: Diese Spiele sollten in einem leer stehenden, auswischbaren und verdunkelungsfähigen Raum gespielt werden, denn gruselige Wesen brauchen Platz, schmieren manchmal herum und halten sich gern im Dunkeln auf.

Der Gruselweg

Material: zwei Besenstiele, zwei Augenbinden, zwei lange Folien, Tapetenkleister, nasser Sand, Schmierseife, Kies, Stroh, Gras etc.

Spielablauf: Zwei Gruppen mit je zwei Mitspielern werden gebildet. Sie gehen vor die Tür und ziehen sich Schuhe und Strümpfe aus. Einem Kind pro Gruppe werden vor der Tür die Augen verbunden und es hält sich an dem Besenstiel fest. Das andere fasst den Besenstiel am anderen Ende an. In der Zwischenzeit legen die anderen Kinder zwei parallele Gruselwege mit dem genannten Material. Nun kommen die Kinder zurück in die Gruppe und der Führer führt das „blinde" Kind sicher über den Gruselweg nach Hause. Die andern Kinder begleiten den Weg der beiden Spielergruppen mit gruseligen Geräuschen wie zischen, brummen, schreien, fauchen usw. Am Ziel nennt jedes blinde Kind die Dinge, über die es glaubt gelaufen zu sein. Erst dann nimmt es die Augenbinde ab. Wer war zuerst am Ziel und hat alle Dinge vom Gruselweg nennen können?

Im Gruselwald

Material: eine Augenbinde, eine Pfeife

Spielablauf: Einem mutigen Kind werden die Augen verbunden und es muss durch einen Gruselwald gehen, um nach Hause zu kommen. Die anderen Kinder stehen als Bäume des Gruselwaldes mit ausgestreckten Armen im Raum. Ein weiteres Kind auf der gegenüberliegenden Raumseite pfeift leise. Das mutige Kind muss nun losgehen und dem Pfeifton folgen, um nach Hause zu gelangen. Doch in dem Wald sind auch Gruselgeister, dargestellt von ein paar weiteren Kindern, die sich ebenfalls im Raum verteilen. Sie stellen sich dem Kind in den Weg, das mit den verbundenen Augen durch den Wald geht und dem Pfeifton folgt. Kommt es in die Nähe eines Gruselgeistes, so schreit, knurrt, brüllt, zischt oder brummt dieser laut und versucht, das mutige Kind zu erschrecken. Kommt das Kind zum Ziel oder bricht es den Weg ab? Wenn es das Spiel beenden will, nimmt es einfach die Augenbinde ab.

Die gruselige Tastreise

Material: Glitschiges und Gruseliges, z. B. ein nasser Schwamm, ein mit warmem Wasser gefüllter Luftballon, ein seifiger Waschlappen, ein Topfkratzer, ein mit Sand gefüllter Gummihandschuh usw.

Spielablauf: Die Kinder stehen nebeneinander Schulter an Schulter und bilden eine enge Mauer. Sie halten ihre Hände auf den Rücken. Nun wird einer der „ekligen" Gegenstände dem ersten Kind in die Hand gegeben und von einem zum anderen weitergereicht. Die Kinder behalten das Erfühlte als Geheimnis noch für sich, dürfen aber zwischendurch durch „Iiii", „Äää", „Uuu" das Fühlen für die andern noch spannender machen. Ist das Teil beim letzten Kind angekommen, dann nennen alle auf ein Kommando das Erfühlte. Was dabei wohl herauskommt? Nach und nach tritt so ein Gegenstand die gruselige Tastreise an.

Spiele

Kürbisse kegeln

Material: vier leere Dosen, vier Tennisbälle, Ball

Spielablauf: Die vier leeren Dosen werden mit etwas Abstand nebeneinander aufgestellt. Auf die Dosen werden als Kürbisse die Tennisbälle gelegt. Nun hat jedes Kind vier Versuche und soll die Tennisbälle mit einem Ball von den Dosen schießen bzw. die Dosen umschießen. Je nach Wurfabstand zu den Dosen und Größe des Wurfballs kann das Spiel schwieriger oder leichter umgesetzt werden.

Kürbiswettrollen

Spielablauf: Es werden Gruppen mit je zwei Kindern gebildet. Immer zwei der Gruppen treten beim Kürbiswettrollen gegeneinander an. Ein Kind legt sich auf den Boden. Es stellt einen Kürbis dar. Sein Partner rollt es zum Ziel am anderen Ende des Raums. Dort werden die Rollen getauscht. Welche Gruppe ist zuerst wieder am Ausgangspunkt angelangt? Nun können neue Paare gebildet werden.

Kürbisernte

Material: 12 Gymnastikbälle, zwei Schubkarren, zwei Eimer

Spielablauf: Die Bälle liegen als Kürbisse im Raum verteilt. Zwei Kinder sind die Kürbisbauern, die ihre Kürbisse ernten wollen. Auf ein Kommando fährt jedes Kind mit seiner Schubkarre los und belädt sie mit einem Kürbis. Es darf immer nur ein Kürbis in die Schubkarre gelegt werden, dann muss das Kind zum Startpunkt zurück und den Kürbis ausladen. Wenn alle 12 Kürbisse eingesammelt sind, müssen sie von einem Wurfpunkt aus in einen Eimer geworfen werden. Die Kürbisse, die daneben geworfen werden, werden nicht mitgezählt. Für jeden Kürbis, den ein Kind in seinen Eimer wirft, bekommt es einen Punkt. Zum Schluss hat das Kind gesiegt, das am meisten Kürbisse in den Eimer geworfen hat.

Gruselgespenst jagen

Material: für jedes Kind eine Taschenlampe, ein Stück blaues Transparentpapier

Spielablauf: Jedes Kind bekommt eine Taschenlampe. Das Glas einer Taschenlampe wird mit dem Transparentpapier überzogen, sodass diese Lampe ein bläuliches Licht ausstrahlt. In einem verdunkelten Raum lassen die Kinder nun die Lichtkegel tanzen. Das bläuliche Licht stellt das Gruselgespenst dar und die anderen Kinder versuchen, mit ihrem Licht das Gruselgespenst zu jagen bzw. zu fangen. Gelingt es einem Lichtkegel, den blauen Lichtkreis zu berühren, werden die Taschenlampen getauscht und die Jagd beginnt von neuem.

Das tanzende Kürbislicht

Material: eine Kürbislaterne, gruselige Musik

Spielablauf: Die Musik wird gespielt und alle Kinder stellen Gruselwesen dar, die in einem verdunkelten Raum nach der Musik tanzen. Sie können dabei die gruseligsten Geräusche machen, etwa kreischen, ächzen und kichern. Beim Tanzen wird die Kürbislaterne herumgereicht. Zwischendurch wird plötzlich die Musik abgestellt. Das Kind, welches das Kürbislicht in der Hand hat, wird für immer versteinert und muss nun ganz still stehen bleiben. Wer zum Schluss übrig bleibt, hat Glück. Er darf mit dem Licht zu jedem gehen, ihn berühren und ihn so wieder entzaubern.

Kreatives
Gestalten

Kreatives für das Halloweenfest

Material:

Anleitung:

Kürbislaternen ohne Kürbisse
Luftballons, weißes, dünnes Papier, Tapetenkleister, Plakafarbe in Orange, Teelichter, Teppichmesser

Den Luftballon aufblasen, fest zuknoten und ihn mit Tapetenkleister, der nach Vorschrift angerührt wurde, einstreichen. Nun den Ballon dünn mit Papier belegen. So werden mehrere Schichten Kleister und Papier aufgelegt. Der eingekleisterte Ballon wird zum Trocknen auf ein Einmachglas gestellt. Ist die Papier-Kleister-Schicht gut getrocknet, wird die gesamte Oberfläche mit der Plakafarbe angemalt.
Wenn die Farbe getrocknet ist, schneidet die Erzieherin eine etwa faustgroße Öffnung in die ausgehärtete Papierschicht und der Luftballon kann herausgenommen werden. Die Kinder können dann dem Kürbis ein Gesicht aufmalen. Die Erzieherin schneidet es nach Anweisung ein. Mit einem kleinen Teelicht kann diese Papier-Kürbislaterne von innen beleuchtet werden. Aber Vorsicht: Die Laterne muss groß genug und oben offen sein, damit sie nicht zu heiß wird.

Kürbistischdecke und Platzdeckchen

Material: Stoffmalfarbe in Orange und Grün, gewaschener Leinen- oder Baumwollstoff (alte Betttücher), Pinsel, Spülschwamm oder Schaumgummistücke, elektrisches Messer, Filzschreiber

Anleitung: Der Stoff wird in kleine Deckchen gerissen (eventuell umgenäht oder ausgefranst) und dann gebügelt. Nun wird auf den Spülschwamm oder ein Stück Schaumgummi mit Filzstift ein Kürbis gemalt und von der Erzieherin mit dem elektrischen Messer ausgeschnitten. Dieser Kürbis wird mit orangefarbener Stoffmalfarbe eingepinselt und nun kann damit gestempelt werden. Die Kinder verzieren mit den Kürbisstempeln gemeinsam eine große Tischdecke und ihre Platzdeckchen. Anschließend werden die grünen Stiele mit Stoffmalfarbe aufgemalt und nach dem Trocknen werden die verzierten Stoffteile von links gebügelt. Nun sind sie nach Gebrauch auch waschbar.

Natürlich können die Kinder auch frei nach Fantasie ihre Deckchen bemalen, bedrucken und gestalten.

Herbstliches Gruselmobile

Material: Tonpapier in Orange, Weiß, Rot, Braun, Grün, Schere, Bleistift, Klebstoff, ein schöner Zweig, Nähgarn, Nähnadel

Anleitung: Auf die verschiedenfarbigen Tonpapierblätter werden unterschiedliche Motive aufgemalt und anschließend ausgeschnitten: Gespenster, Kürbisse, Pilze, Blätter, Igel usw. Jede dieser Figuren bekommt ein kleines Loch, durch das ein Stück Nähgarn gezogen und festgeknotet wird. Nun wird der Zweig als abwechslungsreiches Mobile gestaltet. Das Mobile kann die Decke oder ein Fenster schmücken.

Spiele

Gespensterspiele

Geräuschekarussell

Material:

zwei Löffel, ein Schlüsselbund, zwei Steine, eine Streichholzschachtel, eine Flasche, eine Augenbinde, eine Glocke und je nach Anzahl der Mitspieler weitere Gegenstände, mit denen sich Geräusche erzeugen lassen

Die Kinder sitzen im Kreis. Einige von ihnen haben einen der genannten Gegenstände vor sich liegen. Ein Kind steht in der Kreismitte und schaut sich die Gegenstände gut an. Danach werden ihm die Augen verbunden und es wird im Kreis gedreht. Auf ein Signal hin (die Erzieherin klingelt mit der Glocke) bleibt es stehen und das Kind, das direkt vor ihm sitzt, erzeugt ein Geräusch. Das Kind in der Mitte soll erraten, welcher Gegenstand dieses Geräusch verursacht hat. Hat das Kind den Gegenstand richtig erraten, machen die anderen Kinder mit ihren Gegenständen gemeinsam Krach. Hat das Kind den Gegenstand nicht erraten, so zischen sie wie Gespenster.
Dieses Spiel läuft so lange weiter, bis alle Gegenstände erraten wurden.

Auf der Schleimstraße

Material: eine Schüssel mit einem Mehl-Wasser-Gemisch, eine Schüssel mit einem Kleister-Papier-Gemisch, eine Schüssel mit Wasser und Seife, eine Schüssel mit einem, mit warmem Wasser gefüllten Luftballon, eine Augenbinde, für jedes Kind zwei Löffel

Die Schüsseln werden in einer Reihe aufgestellt. Ein Kind wird mit verbundenen Augen zu den Schüsseln geführt. Es soll die Inhalte der Schüsseln durch Fühlen herausfinden. Hat das Kind richtig geraten, so schlagen die anderen Kinder die Löffel aneinander. Hat das Kind falsch geraten, so erzeugen sie wieder ein Zischgeräusch.

Hinweis: Soll das Spiel wiederholt werden, so sollten die Inhalte der Schüsseln durch andere ersetzt werden (z.B. nasse Erde, nasser Sand, Eisstückchen usw).

Das fremde Gespenst

Material: ein weißes Betttuch, für jedes Kind zwei Löffel

Die Kinder sitzen im Kreis. Ein Kind geht im Kreis herum und schaut sich alle Kinder genau an. Dann geht es vor die Tür. Ein Kind aus dem Kreis stellt sich in die Mitte. Es wird mit dem weißen Betttuch zugedeckt und stellt das fremde Gespenst dar. Das Kind, das vor der Tür wartet, kommt herein und versucht, den Namen des fremden Gespenstes zu erraten. Um es einfacher zu machen, darf es das fremde Gespenst abtasten, es auffordern, Geräusche zu machen und ihm Fragen stellen, die das Gespenst mit Kopfnicken oder -schütteln beantworten kann. Ist das fremde Gespenst identifiziert, so schlagen die anderen Kinder die Löffel gegeneinander. Gelingt es dem Kind nicht, das fremde Gespenst zu benennen, so erzeugen die Kinder ein gespenstisches Geräusch.

Fest- und Motto**Tage**

Spiele

Das Schüttelgespenst

Material: eine Glocke

Die Kinder suchen sich im Raum einen Platz. Ein Kind spielt das Schüttelgespenst, das im schnellen Wechsel einen Körperteil schüttelt, z.B. die rechte Hand, den linken Fuß, den Kopf, beide Hände usw. Die anderen Kinder müssen die Bewegung jeweils nachmachen. Ertönt ein Signal (Glocke), ist das Spiel beendet und ein anderes Kind ist das Schüttelgespenst.

Der Schattengeist

Material: eine Glocke

Die Kinder gehen paarweise hintereinander durch den Raum. Jedes Kind hat einen Schatten, d. h. ein Kind macht eine Bewegung vor, das andere macht diese Bewegung genau nach. Ertönt ein Signal (Glocke), werden die Partner oder die Rollen getauscht.

Material: Augenbinden

Die Blubbergeister

Die Kinder spielen paarweise zusammen. Jedem Paar wird ein Geräusch genannt, das es nachmachen muss, z.B. zisch, brrrr, huuuu, hoooo usw. Dieses Geräusch üben die beiden Kinder. Wenn sie es beherrschen, werden ihnen die Augen verbunden und alle Paare werden im Raum verteilt. Sie versuchen nun über die eingeübten Geräusche, die sie andauernd machen, ihren Partner zu finden.
Einfache Variante: Ein Paar nach dem anderen macht sein Geräusch, bis es sich gefunden hat.

Die Poltergeister

Immer zwei Kinder erzeugen das gleiche Geräusch, z. B. mit den Händen klatschen, auf die Oberschenkel schlagen oder stampfen. Danach werden ihnen die Augen verbunden und das Paar versucht, sich über das Geräusch bzw. die Bewegung zu finden.
Variation: Immer zwei Kinder erhalten die gleichen Instrumente oder Gegenstände, mit denen sie Töne bzw. Geräusche hervorbringen und sich finden können.

Klanggeschichte

Nelli, das Nebelgespenst

Material:	eine Rassel, ein Glockenspiel, ein Schellenband, ein paar Klangstäbe, zwei Triangel, eine Glocke, ein Holzblock und für jedes Kind eine Handtrommel
Einstieg:	Die Kinder sitzen im Kreis. Die Instrumente liegen griffbereit. In einem Gespräch wird das Erwachen am frühen Morgen thematisiert. Die Kinder können ihre eigenen Erlebnisse schildern. Die Erzieherin lenkt das Gespräch auf den Morgennebel, auf die oft etwas unheimliche Atmosphäre, die Morgendunst und -nebel auslösen können. Sie erzählt kurz von dem Nebelgespenst Nelli, das an einem Waldteich lebt und früh morgens über die Wiese huscht, fröhlich von Stein zu Stein hüpft und über den mit Blättern bedeckten Boden läuft. Die Kinder bekommen eine Handtrommel und versuchen, die Bewegungen des Gespenstes auf der Handtrommel klanglich umzusetzen. Nachdem sie die Geräusche gemacht haben, wird die Geschichte zum ersten Mal erzählt. Hierbei werden Situationen und die Aktivitäten von Nelli akustisch dargestellt.
Rassel	Es ist früh am Morgen. Die Wiese am kleinen Waldteich liegt im Morgendunst. Eine Decke aus grauem Nebel bedeckt die Gräser, die Blumen, die Sträucher.
Klangstäbe	Eine beruhigende Stille begleitet das Erwachen des neuen Tages. Manchmal hört man das Hacken eines Spechtes, der mit seinem Schnabel ein Loch in einen Baumstamm schlägt.
Glocken	Aus der Ferne hört man die Kirchturmglocken, die mit ihrem Geläut den neuen Morgen begrüßen.
Holzblock	Mit einem Mal wird die kleine Wiese lebendig. Frösche hüpfen durch das feuchte Gras.
Triangel	Die Vögel verlassen ihre Nester, um auf Futtersuche zu gehen.

Handtrommel leicht mit der Hand reiben.	Auch Nelli, das Nebelgespenst, macht sich auf den Weg, um den neuen Morgen zu begrüßen. Leicht und lautlos huscht es fast unsichtbar durch den frühen Morgendunst.
Rhythmisches Klopfen mit der Handtrommel.	Nelli mag den frühen, kühlen Morgen. Dann tanzt es fröhlich und ausgelassen zwischen den Blumen hindurch.
Rhythmisches Doppelklopfen Kratzlaute mit den Fingerspitzen.	Es springt von Stein zu Stein, und huscht durch die Blätter.
Glockenspiel: leicht mit einem Schlägel über alle Töne ziehen.	Wenn es eine Pause machen will, dann legt es sich auf ein großes Blatt. Der Wind schaukelt Nelli hin und her.
Klangstäbe, Triangel, Rassel, Schellenband für die Sonne.	Dabei hört es den Specht, sieht die Vögel geschäftig hin und her fliegen und schaut zu, wie sich der Morgendunst ganz langsam im Licht der Morgensonne auflöst.
Kratzlaute auf der Handtrommel. Rhythmische Schläge. Rhythmisches Doppelklopfen.	Das ist für Nelli ein wichtiges Signal. Jetzt muss es sich von dem schönen Morgen verabschieden. Noch einmal huscht es durch die Blätter, springt von Stein zu Stein und tanzt fröhlich zwischen den Blumen hindurch.
Handtrommel mit der Hand reiben. Schellenband.	So leise und lautlos, wie das Nebelgespenst gekommen ist, so verschwindet Nelli im hellen Licht der Morgensonne.
Auswertung:	In dem zweiten Teil der Verklanglichung werden zunächst die Instrumente für eine Experimentierphase in die Mitte gelegt. Die Kinder sollen versuchen, die verschiedenen Instrumente den Tieren, den Handlungen usw. zuzuordnen. Anschließend wird die Geschichte noch einmal erzählt. Jetzt werden nur die zuvor den Tieren, Handlungen usw. zugeordneten Geräusche erzeugt. Zum Schluss wird die Geschichte mit allen Instrumenten verklanglicht.

Fest- und MottoTage

Geister und Gespenster

Wattegespenster

Material: Verbandswatte, Nähgarn, Nähnadel, Schere, Klebstoff, Wackel- oder Pappaugen

Anleitung: Aus der Watte wird ein etwas längerer und breiterer Streifen herausgezogen und doppelt gelegt. Mit dem Nähgarn bindet man ein Stück für den Kopf ab. Den Rest der Watte zupft man ein wenig auseinander. Auf den Kopf werden zwei Wackelaugen geklebt. Oben am Kopf befestigt man einen Faden, an dem man das Gespenst schweben lassen kann.

Stabgespenst

Material: ein Papiertaschentuch, Watte, Nähgarn, ein Holzspieß, Filzstift

Anleitung: In ein dickeres Watteknäuel steckt man einen Schaschlikspieß. Darüber wird ein Papiertaschentuch gelegt. Nun bindet man das Knäuel an einer Stelle so fest zusammen, dass ein Kopf entsteht. Die unteren Enden des Taschentuches dienen als Kleid. Der Kopf bekommt mit Filzstift Augen aufgemalt und das fertige Gespenst kann an dem Holzspieß bewegt werden.

Gardinengespenst

Material: ein quadratisches Stück durchsichtige Gardine, Watte, ein Wollfaden, Nähgarn und Nähnadel, etwas schwarzer und roter Filz, eine Schere, ein Bambusstab, Klebstoff

Anleitung: In die Mitte des Gardinenstoffes wird ein Watteknäuel gelegt. Mit dem Wollfaden wird der Kopf abgebunden. Zwei Gardinenspitzen werden an den Enden ein wenig zusammengebunden und stellen die Arme dar. An den Enden der Arme und am Kopf werden mit Nähgarn Wollfäden befestigt. Diese bindet man an den Bambusstab sodass das Gardinengespenst mit ausgebreiteten Armen aufgehängt werden kann. Zum Schluss bekommt das Gespenst Augen, Nase und Mund aus Filz aufgeklebt.

Leuchtende Köpfe

Material:	ein Kürbis, eine Runkelrübe oder eine Melone, ein Messer, ein Löffel, ein Teelicht
Anleitung:	Beim Abschneiden der Kürbisspitze und Aushöhlen des Kürbises oder der Runkelrübe muss ein Erwachsener helfen. Nach dem Aushöhlen kann ein Gesicht eingeschnitten werden. Tipp: Für die Kinder kann eine Melone genommen werden, die mit einem speziellen Melonenmesser ausgehöhlt werden kann. Ein Teelicht bringt den Kopf zum Leuchten.

Gespenstergirlande

Material:	weißes Kopierpapier, Schere, Bleistift, Nähgarn und Nadel, evtl. Klebstoff
Anleitung:	Ein Blatt wird in gleich lange und breite Streifen geschnitten und wie eine Ziehharmonika gefaltet. Nun wird ein Gespenst darauf gemalt und so ausgeschnitten, dass sich die kleinen Gespenster an der ausgestreckten Hand fassen. Mehrere Streifen können aneinander geklebt werden. Durch die Köpfe der Gespenster wird mit einer Nadel das Nähgarn gezogen, sodass die Girlande aufgehängt werden kann.

Unheimliche Spinnen

Material:	ein Papiertaschentuch, Watte, Nähgarn und Nadel, zwei lange Pfeifenputzer, Filzstift
Anleitung:	Etwas Watte wird in das Taschentuch gelegt und mit einem Faden wird ein Stück als Kopf abgebunden. Der Rest des Taschentuches wird abgeschnitten. Die zwei Pfeifenputzer werden halbiert und wie ein Stern mit 8 Enden in der Mitte zusammengewickelt. Es sind die Spinnenbeine. Darauf wird der Taschentuchkopf gesetzt und mit Nähgarn fest an die Pfeifenputzer gebunden. Die Beine werden ein wenig umgebogen und die Spinne bekommt zum Schluss mit dem Filzstift Augen aufgemalt.

Fest- und MottoTage

Überblick

Die einzelnen Angebote im Überblick

- Akrobatenspiele unter freiem Himmel (PurzelbaumTage) S. 8
- Alles, was sich bewegt (PurzelbaumTage) S. 16
- Alte Melodien, neue Geburtstagslieder (Fest- und MottoTage) S. 98
- Das Tanzmariechen (Fest- und MottoTage) S. 86
- Der einsame Dideldum (WaldTage) S. 42
- Der Höhlensee (HöhlenTage) S. 72
- Der kunterbunte Spielzeugtag (SpielzeugTage) S. 28
- Der Streit um die Höhle im Baum (HöhlenTage) S. 62
- Der Zapfenzwerg (WaldTage) S. 48
- Die Cowboys Piff, Paff und Puff (Fest- und MottoTage) S. 92
- Die Höhlenkinder (HöhlenTage) S. 68
- Die kleine Hexe Hinkebein (Fest- und MottoTage) S. 84
- Die klitzekleine Schnuppermaus (HöhlenTage) S. 70
- Die zwei Piraten Langhein und Raubein (Fest- und MottoTage) S. 88
- Ein Indianergeburtstag (Fest- und MottoTage) S. 100
- Ein Männlein steht im Walde (WaldTage) S. 56
- Eine Quatschmachparty (Fest- und MottoTage) S. 104
- Eine Spaßolympiade (PurzelbaumTage) S. 20
- Eine ungewöhnliche Spielzeugwoche (SpielzeugTage) S. 40
- Finger-Faschingstanz (Fest- und MottoTage) S. 91
- Fingerspiel: Zwischen dicken hohen Bäumen (WaldTage) S. 58
- Frau Dahlhoff und die Spielzeugtage (SpielzeugTage) S. 24
- Geister und Gespenster (Fest- und MottoTage) S. 124
- Gespensterspiele (Fest- und MottoTage) S. 118
- Gruselige und spaßige Spiele für einen Halloweentag (Fest- und MottoTage) S. 112
- He Leute, heut' ist Karneval (Fest- und MottoTage) S. 78
- Hermann und Tusnelda (WaldTage) S. 52
- Herr Langsam und Frau Schnell (PurzelbaumTage) S. 12
- Höhlen seh'n verschieden aus (HöhlenTage) S. 66
- In einer Höhle (HöhlenTage) S. 76
- Ja, Halloween, das Gruselfest (Fest- und MottoTage) S. 108
- Jeder hat auf dieser Welt 'ne Höhle, wo es ihm gefällt (HöhlenTage) S. 60
- Kleine Geschenke zum Geburtstag (Fest- und MottoTage S. 96)
- Kreatives aus Naturmaterialien (WaldTage) S. 46
- Kreatives für das Halloweenfest (Fest- und MottoTage) S. 116
- Kürbiszwerg trifft Gruselzwerg (Fest- und MottoTage) S. 110
- Leckeres für den Geburtstagsschmaus (Fest- und MottoTage S. 97)
- Lotte, die Flotte (PurzelbaumTage) S. 14
- Lustige Bewegungslieder (PurzelbaumTage) S. 18
- Nelli, das Nebelgespenst (Fest- und MottoTage) S. 122
- Spaßige Tänze für ein fröhliches Faschingsfest (Fest- und MottoTage) S. 82
- Spiele wie zu Omas Zeiten (SpielzeugTage) S. 38
- Spiele zur Förderung der Sinne (SpielzeugTage) S. 30
- Spielzeug selbst gemacht (SpielzeugTage) S. 34
- Spielvorschläge zur Geburtstagsgestaltung (Fest- und MottoTage) S. 94
- Süße Spiele für ein Faschingsfest (Fest- und MottoTage) S. 80
- Trimm dich im Wald (WaldTage) S. 50

Mit den Ideen*Blitzen* aktiv durchs Kita-Jahr

Ingrid Biermann
Ideen*Blitze* für Herbst- und Wintertage
Kleine Aktionen für den Alltag mit Kindern
128 Seiten | Kartoniert
ISBN 978-3-451-32195-5

Ingrid Biermann
Ideen*Blitze* für Frühlings- und Sommertage
Kleine Aktionen für den Alltag mit Kindern
128 Seiten | Kartoniert
ISBN 978-3-451-32163-4

Aus der beliebten Reihe „Ideen*Blitze*" sind hier die schönsten Vorschläge für Herbst- und Wintertage sowie Frühlings- und Sommertage zusammengestellt. Die einfachen und klar strukturierten Aktionen lassen sich mit einem oder mehreren Kindern sofort umsetzen. Eine bunte Mischung aus Geschichten, Spielen, Rezepten und Gestaltungsideen lässt garantiert keine Langeweile aufkommen.

HERDER
Lesen ist Leben

In jeder Buchhandlung oder unter www.herder.de